Aus dem Wortschatz der F.D.P.

Sprachliche Strategien der Wahlwerbung von 1969 bis 1994

von

Kirsten Rollig

Tectum Verlag
Marburg 2000

Die Deutsche Bibliothek - CIP-Einheitsaufnahme

Rollig, Kirsten:
Aus dem Wortschatz der F.D.P..
Sprachliche Strategien der Wahlwerbung von 1969 bis 1994.
/ von Kirsten Rollig
- Marburg : Tectum Verlag, 2000
ISBN 978-3-8288-8171-6

Tectum Verlag
Marburg 2000

Inhalt

1. Einleitung

„Für mich ist der Wahlkampf die schlechteste Gelegenheit zu politischen Äußerungen. Bei der Wahl muß man mit dem Wortschatz eines Kindergartens und der Grammatik eines Computers auskommen.

Es ist verblüffend zu sehen, wie viele Nuancen die westdeutschen Wähler in dieser Stummelsprache ausdrücken können. Trotzdem frage ich mich, ob sich die Gesellschaft durch Wahlkämpfe noch mobilisieren läßt. Vielleicht beschäftigen sie hauptsächlich ihre Anstifter, die politische Klasse, also eine Minderheit."[1]

Wahlwerbung scheint per se ein polarisierendes Thema zu sein. In vielen Fällen wird schlichte Manipulation oder plumpe Propaganda unterstellt. Die Einschätzungen in der Fachliteratur reichen von notwendigem demokratischen Mittel bis hin zum Vorwurf der Entpolitisierung der Gesellschaft durch Unglaubwürdigkeit und offensichtliche Überredungsversuche.

Die Sprache wird dabei entweder in die Rolle der „Verführerin" gedrängt oder als „mißbrauchtes Opfer" dargestellt.

Unabhängig, welche dieser Positionen man bezieht, bildet Sprache das zentrale Element bei der Durchsetzung der angestrebten politischen Ziele. Politik ist ohne Sprache als grundlegende Handlung nicht denkbar. Ihre Vermittlung und Reaktion darauf – auch beeinflußt durch die Wahlwerbung – ebenso wenig.

Wie wichtig dies ist, zeigt sich zum einen in der Politik selbst: in den 70er Jahren wurde die Vorstellung des „Begriffe besetzens" geprägt, worauf die CDU eine spezielle Semantik-Gruppe einrichtete.

Aber auch in der wissenschaftlichen Forschung (Sprachwissenschaft, Soziologie, Politologie u.a.) wird diese Beziehung immer wieder thematisiert und analysiert. Bei der Fülle von Arbeiten gibt es zwei wesentliche unterschiedliche

---

[1] H. M. Enzensberger in: Der Spiegel Nr. 4/1987, entnommen aus: S. Hönemann, M. Moors: „Wer die Wahl hat...Bundestagswahlkämpfe seit 1975. Muster der politischen Auseinandersetzung." Marburg 1994, S.14

Forschungsansätze. Der eine beschäftigt sich mit den psychologischen und stilistischen Merkmalen von Werbung, welcher auch den Sonderfall Wahlwerbung umfaßt. Der zweite Ansatz setzt stärker auf die pädagogischen Notwendigkeiten, jungen Menschen einen kritischen Zugang zur Werbung und zur Politik zu ermöglichen.

Beide Forschungsansätze beschränken sich im wesentlichen auf die Slogans und Plakate. Wenn das Medium Fernsehen im Zusammenhang mit Politik thematisiert wird, beispielsweise in der Kommunikationswissenschaft, so stehen hier in erster Linie redaktionelle Produkte (Nachrichten, Interviews, Diskussionsrunden u.a.) oder ihre Wirkungsweise auf den Zuschauer zur Disposition.

Eine explizit sprachwissenschaftliche Auseinandersetzung mit den Spots erfolgt höchst selten und umfaßt in der Regel nur die beiden großen Volksparteien, meist auf einen bestimmten Zeitpunkt oder ein Thema beschränkt.

Deshalb möchte ich in der vorliegenden Arbeit die sprachlichen Merkmale und mögliche Strategien in den Wahlkämpfen von 1969 bis 1994 am Beispiel der TV-Spots der F.D.P. (Freie Demokratische Partei) untersuchen. Es soll dargestellt werden, welche Funktion Sprache dabei zukommt und welche Elemente eingesetzt werden, um politische Themen „mehrheitsfähig" zu präsentieren.

Diese diachrone Untersuchung erscheint mir besonders interessant, da sich anhand der beträchtlichen Zeitspanne, die zwischen den einzelnen Spots liegt, sehr gut nachvollziehen läßt, ob und wie sich die sprachliche Gestaltung der Wahlwerbung verändert hat. Zusätzlich kann man auf diese Weise nachprüfen, welche Entwicklung hinsichtlich der Nutzung des Mediums Fernsehen im werbestrategischen Bereich stattfand.

Grundsätzlich läßt sich festhalten, daß bis heute nicht zuverlässig erwiesen ist, ob Wahlwerbespots tatsächlich das Wahlverhalten beeinflussen. Dies wirft natürlich die Frage auf, warum überhaupt geworben wird. Es ist anzunehmen, daß mit dem gleichen Argument gearbeitet wird, das man auch im Bereich der kommerziellen Werbung antrifft: Ob Werbung wirkt, kann man nicht mit Bestimmtheit sagen, aber fehlende Werbung macht sich auf jeden Fall negativ bemerkbar. Das klingt paradox, scheint aber in der Werbewirtschaft eine unumstrittene Meinung zu sein. Anders ließen sich auch nicht die jährlichen Milliardenetats in der Werbebranche und die daraus resultierende Flut von Werbung in Printmedien, Funk und Fernsehen erklären.

Gerade dem letztgenannten Medium kommt heute dabei eine besondere Bedeutung zu. Schließlich ist ein wesentliches Argument für das Senden von Wahlwerbespots vor allem die große Reichweite dieses Mediums und die niedrigen Kosten. Die öffentlich-rechtlichen Sendeanstalten sind durch freiwillige Abkommen und den Rundfunkstaatsvertrag dazu verpflichtet, den Parteien vor einer Bundestags- oder Europawahl kostenlos Sendezeit zur Verfügung zu stellen. Das heißt, daß für die Parteien nur die Produktionskosten des Spots anfallen. Um weitere Kosten zu vermeiden, haben die meisten Parteien zum Beispiel bei der Bundestagswahl 1994 nur einen einzigen Spot produzieren lassen. So etwa die SPD, die insgesamt sechzehnmal vor der Wahl denselben Spot über den Werdegang ihres Spitzenkandidaten Rudolf Scharping gesendet hat. In den seltensten Fällen wurden die Spots durch Schnitte oder ähnliches variiert, und dies auch nur, wenn der Spot zusätzlich im Privatfernsehen gesendet werden sollte.

Bei den Privatsendern sieht die Finanzierung etwas anders aus. Hier müssen die Parteien Sendezeiten einkaufen, die Preise dafür liegen allerdings gesetzlich geregelt unter dem üblichen Marktwert der Sendezeit. Diese Zusatzkosten erklären, warum zum einen häufig nur die großen finanzkräftigen Parteien im Privatfernsehen werben, und warum zum anderen die dort gesendeten Spots deutlich kürzer sind.

Im Durchschnitt dauert ein Wahlwerbespot im Privatfernsehen etwa dreißig Sekunden, während bei den öffentlich-rechtlichen Sendern den Parteien eine kostenlose Sendezeit von zweieinhalb Minuten zur Verfügung steht. Bedenkt man nun, daß sich die Spots nicht nur in ihrer generellen Länge, sondern auch in ihrer Schnitthäufigkeit unterscheiden (öffentlich-rechtliche Sender etwa alle 5,5 Sekunden; private Sender etwa alle 2,3 Sekunden)[2], muß man im Hinblick auf eine sprachliche Untersuchung die Frage stellen, wie sich diese Verkürzung auf die verbalen Aussagen der Spots auswirkt. Es ist anzunehmen, daß im Falle der im

---

[2] Vgl. dz. Ch. Holtz-Bacha und L. Lee Kaid (Hg.): „Wahlen und Wahlkampf in den Medien. Untersuchungen aus dem Wahljahr 1994." Opladen 1996, S. 179 f

Privatfernsehen gezeigten Spots eine Häufung von „Schlagworten", sowie eine generelle Reduktion der verbalen Aussagen, stattfinden muß.

Ob diese Annahme stichhaltig ist, möchte ich besonders am Beispiel verschiedener Spots der F.D.P. zur Bundestagswahl 1994 überprüfen, da mir zu dieser Wahl sowohl Spots aus den öffentlich-rechtlichen Sendern, sowie dem Privatfernsehen zur Verfügung standen. Aber die Differenzen zwischen den Spots in den öffentlich-rechtlichen und den privaten Sendern sollen nur einen kleinen Teil meiner Arbeit ausmachen.

Im Zentrum steht eine sprachliche Untersuchung verschriftlichter Spots, der folgende Thesen zugrunde liegen:

- Wahlwerbung soll einen möglichst breiten Adressatenkreis erreichen. Dadurch muß ihre sprachliche Umsetzung möglichst einfach und verständlich sein.

- Im Medium Fernsehen haben Informationen relativ kurze „Halbwertzeiten", da sie nur visuell und akustisch, nicht aber schriftlich rezipiert werden. Dies könnte zu einer Häufung von „Schlagworten" und Intensivierung der Aussagen durch Wiederholungen führen.

- Damit größtmögliche Zustimmung bei den wahlberechtigten Zuschauern erreicht werden kann, dürfen die Spots nicht zu stark polarisieren. Hieraus resultiert möglicherweise eine Allgemeingültigkeit der Aussagen mit stark affirmativem Charakter.

- Es lassen sich sprachliche Strategien erkennen, die sich im Gebrauch eines bestimmten politischen Vokabulars und im Aufbau der Spots (Textstruktur) niederschlagen.

- Die Darstellung der einzelnen Politiker vor der Kamera wird immer wichtiger, da der heutige Zuschauer eine professionelle Medienpräsenz erwartet (Als Stichworte sei hier die mangelnde sprachliche Kompetenz wie Stottern, Affektvokale oder der „verstohlene" Blick vorbei an der Kamera auf den Tele-Prompter erwähnt).

- Geänderte Fernsehgewohnheiten verlangen heute andere werbetechnische Maßnahmen als etwa 1969 (z. B. verstärkt optische Reize).

- Die Erkenntnisse aus der Wirkung kommerziellen Werbung fließen in die Wahlwerbung mit ein, und die Wahlwerbespots werden an dieses Vorbild angepaßt (Einsatz von Slogans, schnellere Schnitte, Musik, technische Gestaltung).

Da es noch keine einheitliche Methodik für die sprachliche Untersuchung von Wahlwerbespots gibt, werde ich mit eigenen Kriterien operieren, die sich im wesentlichen in zwei Bereiche aufteilen lassen.

Zum einen werde ich versuchen, mit Hilfe der Definition von vier verschiedenen Wortgruppen einzelne Begriffe hinsichtlich ihrer Funktion in den Spots zu kategorisieren. Dazu gehören Schlagworte, Reizworte, Hochwertworte und Symbolworte. Dabei orientiere ich mich an den bereits bestehenden Definitionen einzelner Autoren wie Harold Lasswell, Walter Dieckmann oder Gerhard Strauß. Allerdings muß berücksichtigt werden, daß es hierzu keinen allgemeingültigen Standard gibt. Um Mißverständnissen vorzubeugen, werde ich mit eigenen (ergänzenden) Definitionen arbeiten.[3]

Zum anderen werde ich die Spots in eine Textstruktur (Sequenzierung) aufgliedern, um nachzuweisen, daß Aussage- und Wirkungsabsichten bestimmten politischen Strategien entsprechen. Diese Sequenzen basieren auf der Arbeit von Alexander Tillmann[4], in der er zu dem Schluß kommt, daß politische Texte sich nicht einer „zufälligen" Sprache bedienen, sondern nach einem wohlüberlegten Muster konzipiert werden.

Abschließend werde ich einen kurzen Blick auf das Internet werfen, da dies spätestens im Wahlkampf 1998 als „neues" Medium von den Parteien entdeckt wurde. Möglicherweise wird dies für die Zukunft des Fernsehens eine Konkurrenz bedeuten und somit neue Konzepte für die Politikvermittlung, aber auch die Wahlwerbung notwendig machen.

Dies soll sich jedoch auf einen rudimentären Ausblick beschränken, da das Internet bisher keinen zentralen Platz in den Kampagnen einnimmt.

---

[3] Vgl. dz. S. 22 dieser Arbeit

[4] A. Tillmann: „Ausgewählte Textsorten politischer Sprache. Eine linguistische Analyse politischen Sprechens." Göppingen 1989

2. Grundsätzliche Überlegungen zum Wahlkampf

Bevor man die verwendeten werbetechnischen Mittel im Wahlkampf (hier: TV-Spots) untersucht und ihre Sprache, sowie etwaige Strategien zu beurteilen versucht, muß man zunächst eine Standortbestimmung hinsichtlich der Bedeutung des Wahlkampfes innerhalb einer Demokratie vornehmen.

Dies erscheint mir deshalb notwendig, da es in der politikwissenschaftlichen Diskussion teilweise erschreckend negative Interpretationen dessen gibt, was Politik und Demokratie bedeuten. Vor diesem Hintergrund, stellt sich natürlich auch die Frage, welche Funktion und Bedeutung der Wahlkampf hat.

Die Bedeutung des Wahlkampfes

In der Politikwissenschaft gehören freie, gleiche, geheime Wahlen generell zum Minimum der Demokratie. Der amerikanische Demokratieforscher Robert Dahl wird noch konkreter und fügt diesem Aspekt zusätzlich das Recht politischer Eliten auf Konkurrenz um Wählerstimmen und Unterstützung hinzu, da nur so die notwendige Pluralität gesichert werden kann.[5] Genau dieser Konkurrenzgedanke bildet also die Grundlage für das, was wir heute als Wahlkampf erleben.

Nach Wichard Woyke ist der Wahlkampf noch mehr, nämlich „[...]die politische Auseinandersetzung von Parteien und Wählervereinigungen um Zustimmung des Bürgers zu Person und Programmen; letztlich um die politische Herrschaft"[6]. Hier werden zwei wesentliche Punkte formuliert. Einmal geht es um die notwendige Auseinandersetzung mit politischen Inhalten und Zielen, also der Gestaltung des politischen Willensbildungsprozesses innerhalb der wahlberechtigten Bürgerschaft, die nach Artikel 21 Absatz 2 des Grundgesetzes wesentliche Aufgabe der Parteien ist. Zum anderen wird auf das parteieigene Interesse – das Erlangen der Macht – hingewiesen.

Auch an anderer Stelle wird dieser Punkt besonders betont.

---

[5] Vgl. dz. W. Merkel, H.J. Puhle (Hg.): „Von der Diktatur zur Demokratie. Transformationen, Erfolgsbedingungen, Entwicklungspfade." Gütersloh 1998, S.5.

[6] W. Woyke: „Stichwort: Wahlen." Opladen 1998, S. 105.

„Der Wahlkampf ist ein Akt der Beeinflussung von menschlichem Verhalten und Handeln auf politischem Gebiet mit dem Ziel des Machterhalts und/oder der Machterhaltung."[7]

Sieht man diesen Aspekt losgelöst von den ihn umgebenden Realitäten, so wirkt er fast bedrohlich. Der Wähler als willfähriges Instrument der Machthungrigen, hilflos den professionellen Werbestrategien der einzelnen Parteien ausgeliefert. Kampagnen im Sinne eines entpolitisierten Schaulaufens der Spitzenkandidaten, deren Sinn nicht die demokratische Willensbildung, sondern schlichte Überredung ist.

Folgt man der Meinung einiger Politiktheoretiker, so scheint dies tatsächlich der Fall zu sein. Der Politologe Joseph A. Schumpeter geht davon aus, daß Politik generell nur Kampf um Macht bedeutet, die Erfüllung des Gemeinwohls sei nur ein „Nebenprodukt".[8]

Bezüglich des Wahlkampfes äußert der amerikanische Wissenschaftler Anthony Downs: „Die Parteien treten mit politischen Konzepten hervor, um die Wahlen zu gewinnen; sie gewinnen nicht die Wahlen, um mit politischen Konzepten hervortreten zu können."[9]

Auch die Theorie der sogenannten *Schweigespirale* von Elisabeth Noelle-Neumann nährt die Angst vor einer ohnmächtigen Gesellschaft, die der Willkür der Politik und der Medien schutzlos ausgeliefert sei. Ergebnis, wie sie meint, einer Medienentwicklung, die Minderheitenmeinungen nicht mehr repräsentiert, sondern verdrängt, unsichtbar macht.

Ihr Hauptargument ist die Annahme, daß die Häufung bestimmter Meinungen in den Medien individuelle Perspektiven verdränge. Bedingt durch eine allgemeine Isolationsangst würden sich die Menschen an die Mehrheitsmeinung anpassen

---

[7] M. Toman-Banke: „Die Wahlslogans der Bundestagswahlen von 1949 bis 1994." Wiesbaden 1996, S.59

[8] J. A. Schumpeter: „Kapitalismus, Sozialismus und Demokratie" München 1980, S. 448f

[9] Zitiert in: S. Hönemann, M. Moors , a.a.O. S.20

und durch diesen Kreislauf dafür sorgen, daß die Mehrheitsmeinung die Minderheitenmeinung verdränge, bis nichts mehr von ihr übrig sei.[10]

Dies mag in gewisser Weise für redaktionelle Produkte der Medien gelten, im Falle der Wahlwerbung, halte ich diese These für sehr zweifelhaft.

Hinzukommt, daß solche Überlegungen nach wie vor als fraglich angesehen werden, da bisher dazu kein einziger empirischer Nachweis erbracht werden konnte. Wolfgang Neuber kritisiert, daß derartige Modelle Einzelaspekte wie beispielsweise Meinungsänderungen in der Öffentlichkeit ausblenden bzw. nicht erklären können. Zudem konnte bis heute nicht nachgewiesen werden, daß Wahlwerbung – genau wie kommerzielle Werbung – einen tatsächlichen Einfluß auf das Verhalten von Menschen hat.

Moderne Zeiten – die Kritik einer „Amerikanisierung" des Wahlkampfes

„Die Showeffekte der Fernsehdemokratie bedienen die Unterhaltungsbedürfnisse der Erlebnisgesellschaft. Mit ihnen läßt sich weder Politik gestalten noch der Staat regieren. Doch muß man sie beherrschen, um Wahlen nicht allein schon durch kommunikationsstrategische Defizite zu verlieren."[11]

Als wesentlichen (negativen) Einfluß auf die Politik allgemein und den Wahlkampf im besonderen, bezeichnen viele Kritiker die sogenannte *Amerikanisierung*. Oft wird der Begriff in polemischer Weise auf die Ersetzung von programmatischen Inhalten durch Bilder und die Präsentation der Kandidaten bezogen. Diese Entwicklung wird vielfach sehr negativ bewertet.

Zwei Fragen müssen in diesem Zusammenhang gestellt werden: Was konkret bedeutet Amerikanisierung? In wieweit trifft dies bereits auf die Bundesrepublik zu?

Zunächst muß man einige formale Aspekte festhalten, um nachzuvollziehen, was dieser Begriff beinhaltet.

---

[10] Vgl. dz. auch W. Neuber: „Verbreitung von Meinungen durch die Massenmedien" Opladen 1991, S.21f

[11] H. Oberreuther (Hg.) „Parteiensysteme am Wendepunkt? Wahlen in der Fernsehdemokratie." München 1996, S.12

Richtig ist, daß bereits seit den 60er Jahren (also mit Beginn des Fernsehzeitalters) eine Angleichung an die kommerzielle Werbung stattgefunden hat. Dies drückt sich in vier Hauptmerkmalen aus:[12]

1. übereinstimmende Formen (Spots, Plakate, Anzeigen)

2. übereinstimmende Motive (Sympathie, Familie, Glück)

3. übereinstimmende Methoden (Leitbildappelle, subtile Aufrufe, Personalisierung)

4. übereinstimmende Strategien (Nutzung von Meinungsforschungsinstituten, Hinzuziehen von Werbefachleuten)

Gerade die Personalisierung durch das Herausstellen eines Spitzenkandidaten wird dabei als sichtbarstes Merkmal der Amerikanisierung verstanden.

Die Präsentation eines Sympathieträgers soll die Probleme innerhalb einer Partei, aber auch innerhalb der Gesellschaft überdecken. Themen werden ausschließlich nach dem Gesichtspunkt der Zustimmung und Mehrheitsfähigkeit ausgesucht.

Diese Vorwürfe sind durchaus berechtigt, jeder, der Wahlwerbung rezipiert, wird solche Erfahrungen bereits gemacht haben.

Aber es stellt sich die Frage, ob dies wirklich so negativ zu bewerten ist.

Parteien werden immer versuchen, mehrheitsfähige Aussagen zu treffen, um größtmögliche Zustimmung zu erreichen. Daß bei der Konzeption professionelle Werbestrategen mitwirken, muß sich nicht unbedingt negativ auf die Kampagne auswirken. Sind sie doch in der Lage, Spots so zu gestalten, daß bestimmte formale Kriterien (Sehgewohnheiten, aufnehmbare Textmenge o.ä.) eingehalten werden.

Den Vorwurf, daß die Werbeprofis, aber auch die Medien heute den Spitzenkandidaten machen – so wie in den USA – lehnt W. Jäger ab.[13] Für ihn gelten in der Bundesrepublik nach wie vor andere Regeln. So ist zu beachten, daß hier

---

[12] Vgl. dz. M. Toman-Banke, a.a.O., S.67ff

[13] Vgl. dz. W. Jäger: „Fernsehen und Demokratie. Scheinplebiszitäre Tendenzen und Repräsentation in den USA, Großbritannien, Frankreich und Deutschland." München 1992, S.66ff

nach wie vor eine Mehrparteiendemokratie herrscht, anders als in Amerika, wo es nur zwei große Parteien gibt, die im Kongreß vertreten sind. Darüber hinaus werden die Kandidaten in der Bundesrepublik immer noch über die Parteibasis bestimmt und an innerparteilichen Maßstäben gemessen. Die Telegenität und Medienpräsenz ist zwar heute enorm wichtig, aber letztlich (noch) nicht ausschlaggebend, für die „Schaffung" eines Spitzenkandidaten.

Auf die demokratischen Ansprüche zurückkommend, ist der Wahlkampf in meinen Augen bei aller Problematik nach wie vor ein notwendiges Mittel, den pluralistischen Strukturen in der Gesellschaft Rechnung zu tragen. Daß es dabei zu negativen Erscheinungsformen kommen kann, sei unbestritten, dennoch wäre eine Abkehr vom Konkurrenzkampf der Parteien wie ihn u.a. Stefan Hönemann und Marcus Moors fordern, meiner Meinung nach nicht im Sinne der Demokratie. Die beiden Autoren stellen die These auf, daß ein freiwilliger Verzicht von Wahlwerbung dem Wahlkampf seinen politischen Gehalt zurückgeben würde. Dies erscheint mir unlogisch, da Wahlwerbung der zentrale Kern des Wahlkampfes ist.

Jede Selbstdarstellung einer Partei, jeder Auftritt eines Politikers in der Öffentlichkeit ist letztlich Werbung, besonders, wenn man sich kurz vor einer Wahl befindet. Die Frage ist, wie der pluralistische Konkurrenzkampf politischer Eliten anders realisiert werden soll.

Mir erscheint es vielmehr so, daß Wahlkampf und Werbung zwei untrennbar verknüpfte Bereiche sind. Wahlkampf bedeutet eben auf „Stimmenfang" zu gehen, sich und seine Partei als bestmögliche Alternative zu verkaufen. Eine andere Interpretation dessen, was Wahlkampf sein könnte, erschließt sich mir nicht, zumal die Autoren diese Antwort schuldig bleiben.

Zur Kritik am Wahlkampf sei gesagt, daß sicherlich die modernen Kampagnen Ausmaße und Formen annehmen, die fragwürdig erscheinen. Die Abstände zwischen den Kampagnen scheinen immer kleiner zu werden.

Natürlich ist das „Produkt" Politik auch etwas anderes als beispielsweise ein Waschmittel, und die Forderung nach anspruchsvollerer Werbung nachzuvollziehen. Denn schließlich kann ich bei Unzufriedenheit die gewählte Regierung nicht einfach umtauschen. Auch sind die Folgen einer Wahlentscheidung weit-

16

reichender als bei einem kommerziellen Produkt, das nur mich und nur einen begrenzten Teil meines Lebens betrifft. Aber genau diese Komplexität von Politik läßt sich meiner Ansicht nach weder in einem 2 ½minütigen Spot, noch auf einem 2x3 Meter großen Plakat ausreichend darstellen.

„Aufgabe des Medieneinsatzes ist es im wesentlichen, den Namen der Partei (als Erinnerungswerbung) und eine weitere Botschaft zu transportieren. Weder bei den Spots, den Anzeigen, noch beim Plakat kann heute der Anspruch erhoben werden, einen argumentativen Wahlkampf zu führen."[14]

Eine Umfrage des Forsa-Instituts ergab, daß die Wahlwerbung im Fernsehen nur wenig Bedeutung bei der Wahlentscheidung hat. So gaben von 1.029 Befragten 73,8% an, daß der Einfluß der Spots „weniger wichtig oder überhaupt nicht wichtig" sei. Immerhin 47,5% befanden diese Wahlwerbung für unglaubwürdig, nur 15,1% hielten sie für seriös.[15]

Daraus läßt sich ableiten, daß die Wahlwerbung nicht die zentrale Informationsquelle der Wähler ist. Folglich werden die Kampagne-Strategen nicht auf die Vermittlung von Inhalten setzten, sondern schlicht den Versuch unternehmen, Aufmerksamkeit zu erreichen und möglicherweise über polarisierende Elemente Kommunikation innerhalb der Wählerschaft herzustellen.

Bezogen auf eine sprachwissenschaftliche Untersuchung bedeutet das, genau diese Zweckhaftigkeit von Werbung nachzuweisen und zu prüfen, welche sprachlichen Strategien dabei zum Einsatz kommen.

Das Vehikel zur Macht? Die Rolle der Massenmedien im Wahlkampf

In der Kommunikationsforschung gibt es verschiedene Ansätze, die Medien in das politische System einzuordnen.

Generell gilt, daß die Massenmedien (insbesondere das Fernsehen) zentrales Element zur Vermittlung von Politik und auch Wahlwerbung sind. Verschiede-

---

[14] P. Schröder: „Medien in den Wahlkampfstrategien der F.D.P." in: W.Schulz, K. Schönbach (Hg.): „Massenmedien und Wahlen" München 1983, S.158
[15] Quelle: Homepage „MedienNews" des Deutschen Journalisten Forums, September 1998

nen Studien folgend (Jennings/Niemi 1974; Kuo 1986) [16], bilden sie sogar die Grundlage für die politische Sozialisation bei Jugendlichen. Spätestens seit den 80er Jahren im Zuge technischer Verbesserungen, Internationalisierung und medienpolitischer Deregulierung weitet sich ihre Mittlerrolle aus. Den Massenmedien kommt daher eine besondere Rolle im Beziehungsgeflecht zwischen Bürgerinteressen, Politik und deren Vermittlung zu.

Es ergibt sich ein Spannungsverhältnis zwischen zwei Medientheorien.

Die *Dependenztheorie* geht davon aus, daß die Politik durch die Omnipräsenz der Medien in enorme Abhängigkeit geraten sei. Um im hohen Maße demokratische Prinzipien gewährleisten zu können, müssen daher die Medien gegenüber politischen Institutionen eine enorme Verantwortung übernehmen. Die Aufgaben, die daraus resultieren, seien: Vehikel für Informationen, Forum für politische Akteure, Spiegel der öffentlichen Meinung.

Dieser Ansatz wird immer häufiger durch die sogenannte *Instrumentalisierungstheorie* widerlegt. Ihr liegt zugrunde, daß die Massenmedien ihre Autonomie durch politische Institutionen bzw. deren PR-Abteilungen verlieren würden und somit nicht mehr als Vermittler zwischen beiden (Bürger/Politik) fungieren können. Hinzu kommt, daß die Medien auch eigene Interessen verfolgen, die nicht mit „neutraler" Mittlerfunktion in Einklang zu bringen sind. Beide Theorien lassen sich interessanterweise durch empirisches Material nachweisen, wie W. Schulz anmerkt. Daraus läßt sich folgern, daß eine strikte Zuweisung in die ein oder andere Rolle in der Realität nicht möglich ist.

Ein zentrales Argument für die Wahlwerbung und ihre Vermittlung durch die Medien ist das Modell der „Four Steps of Activation" nach Lazarsfeld, Berelson und Gaudet, welches sie im Rahmen der sog. „County Erie Study" bereits 1944 entwickelt haben.[17]

Das Modell ist wie folgt aufgebaut:

---

[16] Vgl. dz. W. Schulz: „Politische Kommunikation. Theoretische Ansätze und Ergebnisse empirischer Forschung zur Rolle der Massenmedien in der Politik." Opladen 1997, S.25f

[17] Vgl. dz. W. Schulz, a.a.O. S.175f

1. Schritt: Kommunikation führt zu mehr Aufmerksamkeit für das Ereignis
            Wahl

2. Schritt: Die vermehrte Aufmerksamkeit steigert das Interesse am Ereignis
            Wahl

3. Schritt: Die gesteigerte Aufmerksamkeit führt zu einer stärkeren Kommu-
            nikation zwischen den Menschen über die Wahl

4 Schritt: Innerhalb der Kommunikation kristallisiert sich eine endgültige
            Wahlentscheidung heraus

Mir persönlich erscheint dieses Modell, das mehr ist als ein schlichtes Reiz-
Reaktions-Schema, recht schlüssig. Auch wenn man sich in einigen Fällen der
Wahlwerbung mehr Inhalt und Information wünschen würde, bleibt doch festzu-
stellen, daß obiger Ablauf durch eine möglichst auffällige Werbung erst möglich
wird.

Ein Argument für Wahlwerbung und gleichzeitig ein weiterer Hinweis darauf,
daß nicht der Spot selbst zur Wahlentscheidung führt, sondern die Kommunikation mit anderen Menschen über die Werbung und weiterführend über die Politik selbst.

Festzuhalten bleibt, daß derartige Werbung nur Anregung sein kann, über die
Politik nachzudenken und mit anderen zu sprechen. Auch die These der
„Schweigespirale" kann, zumindest für selbsterstellte Produkte der Parteien,
nicht gelten. Denn anders als die tägliche Berichterstattung oder redaktionelle
Sendungen zum politischen Alltag, sind die explizit als Werbung gekennzeich-
neten Spots nicht das Ergebnis des Massenmediums Fernsehen selbst. Vielmehr
bietet dies nur den Ort der Veröffentlichung, legitimiert durch Landesrundfunk-
gesetze, Staatsverträge und Bundesgesetze.[18]

---

[18] Hier sei angemerkt, daß es nur beim ZDF einen verbindlichen Anspruch auf Werbesen-
     dungen bei Beteiligung einer Partei an Bundestags- oder Europawahlen gibt. Für alle an-
     deren Sendeanstalten gilt, daß sie sich freiwillig dazu bereit erklärt haben. Zwar gibt es
     den gesetzlich geregelten Anspruch auf Artikulations- und Repräsentationsmöglichkeiten,
     dies schließt aber selbsterstellte Produkte (Spots) nicht ein. (vgl. dz. A. Schulze-Sölde:
     „Politische Parteien und Wahlwerbung in der dualen Rundfunkordnung. Zum Rechtsan-
     spruch der Parteien auf Sendezeit." Baden-Baden 1994, S.37f u. 190f)

Redaktionell sind die Sender nicht für diese Produkte verantwortlich zu machen, abgesehen davon, daß sie dazu angehalten sind, bei gravierendem Verstoß gegen das Strafrecht die Ausstrahlung zu verweigern.

Bei aller Kritik an den Medien und ihrer Rolle bei der Politikvermittlung sei abschließend angemerkt, daß selbst das Bundesverfassungsgericht davon überzeugt ist, daß die Bürger mit Wahlwerbung umzugehen verstehen.

1985 klagten einige Sender gegen den Spot der KPD/ML, da sie eine Verunglimpfung der verfassungsrechtlichen Grundlagen im Spot zu erkennen glaubten. Das Gericht hielt fest, „[daß] der Bürger in einer freiheitlichen Demokratie den Sprachgebrauch bei Wahlkämpfen einzuordnen [wisse]."[19]

---

[19] BVG Nr. 69 1985, NJW 1985 S. 2521; zitiert in: Ch. J. Walther: „Wahlkampfrecht" Baden-Baden 1994, S.41

3. Sprache in der Politik

Der Wahlkampf ist eine Auseinandersetzung, die nicht den politischen Alltag hinter den Kulissen widerspiegelt. Vielmehr stellt der Wahlkampf eine Ausnahmesituation dar. Dies gilt gleichermaßen für die Sprache der im Wahlkampf verwendeten Werbemittel.

Zwar gibt es die allgemeine Einstellung mancher Politiker, daß immer irgendwie irgendwo Wahlkampf sei, aber für die Wähler wird dies erst in der sogenannten „heißen" Phase durch Plakate und Spots offensichtlich.

Sprache bildet ein Kernstück menschlicher Interaktion; ohne Sprache ist deshalb auch Politik nicht realisierbar. Durch Auslassen oder Hinzufügen lassen sich Realitäten, dem eigenen Interesse entsprechend, darstellen, wenn nicht gar erst erschaffen. Nur über verbale Kommunikation kann man andere an eigenen Vorstellungen teilhaben lassen und sie zur Zustimmung bewegen. In der Politik bildet dieser persuasive Aspekt den zentralen Teil der sprachlichen Handlungsmuster. Dies gilt insbesondere für den von mir untersuchten Teilbereich der Politik, der Wahlwerbung. Sehr schnell stößt man dabei auf den Vorwurf von Manipulation der Fakten durch Sprache, wenn nicht gar dem Mißbrauch von Sprache selbst.

„Revolutionen finden heute auf andere Weise statt. Statt der Gebäude der Regierung werden die Begriffe besetzt, mit denen sie regiert [...]. Die moderne Revolution besetzt sie mit Inhalten, die es uns unmöglich machen, in ihnen zu leben." (K. Biedenkopf, 1973)[20]

Diese Erkenntnis gab den Ausschlag, in der CDU eine Projektgruppe „Semantik" einzuführen, die sich genau mit diesen Phänomen auseinandersetzen sollte.

Aus sprachwissenschaftlicher Sicht eine sehr interessante Entwicklung, zeigt sie doch, daß eine Wahl nicht nur mit löblichen Absichten, sondern mit den richtigen Worten und ihrer inhaltlichen Definition zu gewinnen ist.

---

[20] Zitiert in: J. Klein „Kann man `Begriffe besetzen`?", in: „F. Liedtke u.a. (Hg.) „Begriffe besetzen. Strategien des Sprachgebrauchs in der Politik." Opladen 1991, S.46

„Derjenige, der die Ideen hat und der für sie auch die richtigen Begriffe wählt, hat die Macht über das Denken der Menschen." (H. Geißler, 1986)[21]

Definitionen politischer Sprache

Um sprachliche Strategien im Wahlkampf aufzeigen und einordnen zu können, muß man sich zunächst überlegen, was konkret politische Sprache ist.

Walter Dieckmann sieht in ihr ganz allgemein eine Anwendung von Sprache, mit dem Zweck politische Ziele zu erreichen.

Er teilt die politische Sprache in zwei Bereiche auf. Zum einen versteht er darunter die sogenannte *Funktionssprache*, d.h. die institutionsgebundene interne Kommunikation, die ohne Beteiligung der Bürger stattfindet. Den zweiten Aspekt bildet die sogenannte *Meinungssprache*, die der Vermittlung von politischen Zielen dient und Zustimmung in der Öffentlichkeit schaffen soll.

Monika Toman-Banke greift diese Struktur auf und fügt zwei wichtige Aspekte hinzu. Ihrer Meinung nach läßt sich die *Funktionssprache* durchaus als Fachsprache klassifizieren, da sie innerhalb eines geschlossenen Systems angewandt werde und durch Eindeutigkeit, Rationalität, Sachlichkeit und Ökonomie geprägt sei. Die *Meinungssprache* wiederum bediene sich eines ideologischen Vokabulars und politischer Symbole, die nicht darauf abzielen Sachlichkeit und Realität zu fördern.[22]

Nach Gerhard Strauß läßt sich die politische Sprache grob in drei Kategorien aufgliedern, die Dieckmanns Struktur erweitert und ergänzt.[23]

a) Politisch-öffentliche Kommunikation

Darunter faßt Strauß die Kommunikation zwischen Politikern oder Parteien und der Öffentlichkeit zusammen. Sie soll die Einbindung der Bürger in den politischen Willensbildungsprozeß garantieren.

Eingeschlossen in diese Kategorie sind Reden, öffentliche Auftritte, Wahlkampfmittel und alle anderen Möglichkeiten sprachlicher Interaktion zwischen

[21] Zitiert in: Bodo Hombach „Semantik und Politik" in: F.Liedtke u.a. (Hg.), a.a.O., S.37
[22] M. Toman-Banke, a.a.O. S.36ff
[23] Gerhard Strauß „Der politische Wortschatz. Zur Kommunikations- und Textsortenspezifik" Tübingen 1986, S.166ff

Politikern und Bürgern. Referierend auf Dieckmann läßt sie sich als *Meinungs-sprache* zusammenfassen.

b) Institutionsexterne Kommunikation

Diese Kategorie umfaßt die sprachliche Interaktion zwischen Institutionen (Bundestag, Verfassungsgericht o.ä.) und Bürgern auf einer abstrakten Ebene in Form von Rechtsprechung, Gesetzgebung und Verwaltung.

c) Politische Binnenkommunikation

Dieser Bereich umfaßt den institutionsinternen sowie institutionsübergreifenden Sprachgebrauch beispielsweise zwischen Parteien, Fraktionen, Behörden o.ä. unter Ausschluß der Öffentlichkeit.

Wie bei Walter Dieckmann läßt sich hier eine fachsprachliche Organisation ver-baler Interaktion erkennen. Strauß sieht in ihr das „Zentrum der politischen Funktionssprache"[24].

---

[24] ebd., S.181

4. Sprache im Wahlkampf

Es zeigt sich, daß politische Sprache eine komplexe Struktur besitzt, die verschiedene Untersuchungsansätze unerläßlich macht. In der vorliegenden Arbeit soll jedoch ausschließlich der Bereich „Politisch-öffentliche Kommunikation" am Beispiel von Wahlwerbespots betrachtet werden. Dazu erscheint es mir notwendig, die Definition politischer Sprache auf den Einzelaspekt *Wahlkampfsprache* auszuweiten.

Paul Hermann Gruner[25] definiert die Wahlkampfsprache als politisch persuasiv mit dem Ziel, Einzelne zu bestimmten Handlungen (hier: Wahlentscheidung) zu bewegen. Sie ist seiner Meinung nach eine imperativische Ansprache mit Handlungsappell, deren Grundlage eine monologische „Einweg-Kommunikation" bildet, da bei Wahlwerbung Sender und Empfänger durch die formale Gestaltung auf die Ausschließlichkeit ihrer Rolle festgelegt sind.

Die Einschätzung, daß es sich bei Wahlwerbung um eine asymmetrische monologische Kommunikation handelt, wird allgemein in der Literatur geteilt. Alexander Tillmann jedoch definiert diese Kommunikation etwas genauer und stellt die These auf, daß Wahlwerbung zwar eine monologische Textsorte sei, diese aber idealerweise dialogisch konzipiert sein muß, um negative Reaktionen beim Rezipienten zu vermeiden.[26] Daraus ergibt sich, daß die Sprache in politischen Texten nie spontan sein kann, sondern als konstruiert betrachtet werden muß.

Um einer Differenzierung zur Sprache der Politik im allgemeinen gerecht zu werden wirft Gruner die Frage auf, ob die Wahlkampfsprache ein verläßliches Abbild der alltäglichen Politikersprache, oder nur eine zeitlich begrenzte Extremform politischer Rhetorik darstellt.

---

[25] P. H. Gruner „Inszenierte Polarisierung, organisiertes Trugbild – sechs Thesen zur Sprache des Wahlkampfes." in: M. Opp de Hint/E. Latinak (Hg.) „Sprache statt Politik? Politikwissenschaftliche Semantik- und Rhetorikforschung." Opladen 1991, S. 23ff

[26] A. Tillmann, a.a.O. ,S.133

Er geht davon aus, daß Wahlkampfsprache nicht als Summe der politischen Kommunikationsprozesse gesehen werden darf, sondern eine ganz eigene Rolle spielt. Die sprachlichen Muster, die dabei zum Einsatz kommen seien irrational, monologisch, aufklärungs- und integrationsfeindlich und entwerfen das unreflektierte Bild einer „einfachen" Wahl. [27]

Dabei nutzen Politiker seiner Meinung nach den ideologiegebundenen Gebrauch einzelner Begriffe, Simplifizierung und Polarisierung durch das Ausblenden einzelner Zusammenhänge auf eine „Wahrheit" als Kernstücke der Wahlkampfsprache.

Gruner leitet aus diesen sprachlichen Mitteln eine Entpolitisierung des Wahlkampfes ab, in welchem nur noch „fetischisierte" Begriffe und „Politik-Surrogate" Platz finden. Dies führe auf Dauer zu einer Diskreditierung des demokratischen Konkurrenzkampfes und dadurch nicht nur zur vielbeschworenen Politikverdrossenheit, sondern sogar zur Entdemokratisierung der Gesellschaft.[28]

Auch Astrid Schütz beispielsweise teilt die Einschätzung, daß die Anpassung an die kommerzielle Werbung und die damit einhergehende Vereinfachung eine Entpolitisierung der Gesellschaft fördert. Nicht mehr die Argumente zählen, sondern der Repräsentant, da nicht mehr der Inhalt, sondern die Bewertung des Sprechers hinsichtlich Glaubwürdigkeit und Sympathie entscheidend sei.[29] Wobei sie betont, daß Selbstdarstellung und die damit verbundene Sprache generell nichts Neues, sondern ein bereits in der Antike eingesetztes Element in der Politik war.[30]

Einzelaspekte der politischen Sprache – das politische Vokabular

Um bei der Untersuchung einzelner Spots der F.D.P. Mißverständnisse zu vermeiden und eine eindeutige Ordnung zu nutzen, scheint es mir notwendig, Be-

---

[27] P. H. Gruner, a.a.O., S.27

[28] ebd. S.31ff

[29] A. Schütz „Selbstdarstellung von Politikern. Eine Analyse von Wahlkampfauftritten." Weinheim 1992, S.104

[30] Erinnert sei hier an die Rhetoriklehre des Aristoteles.

griffe zu definieren, mit denen die sprachlichen Handlungsmuster beschrieben werden können.

Schwierigkeiten ergeben sich dadurch, daß es in der wissenschaftlichen Literatur keinen allgemeingültigen Standard gibt. Vielmehr definiert jeder Autor selbst, was unter einem bestimmten Begriff zu verstehen ist. Egal, ob dabei *Schlüssel- begriff*, *Schlagwort*, *Mirandum* oder ähnliches gebraucht wird, zielen alle darauf ab, Worte zu kategorisieren und ihnen bestimmte Funktionen zuzuweisen. Manchmal meinen verschiedene Begriffe dasselbe, manchmal liegen ein und dem selben Ausdruck unterschiedliche Definitionen zugrunde.

Deshalb ist es meiner Ansicht nach notwendig, ein eigenes System zu erstellen, auf dessen Grundlage die Auswertung der von mir untersuchten Spots stattfinden kann. Dabei geht es nicht um den Anspruch, vollständige oder endgültige Definitionen zu liefern, sondern nur um eine Ordnung, die gewährleisten soll, daß alle Spots nach den selben Kriterien untersucht und beurteilt werden.

Da meiner Untersuchung ein diachroner Ansatz zugrunde liegt, ist dies nicht zuletzt deshalb nötig und nützlich, um Thesen hinsichtlich der Wortschatzstabilität oder des Bedeutungswandels einzelner Begriffe zu verfolgen und zu belegen.

Wohl wissend, daß alle Definitionen unscharfe Konturen besitzen, manchmal ineinander übergehen können, möchte ich betonen, daß die Zuordnung in die entsprechenden Wortgruppen, nicht dem Anspruch des Absoluten gerecht werden kann und will. Dies hängt damit zusammen, daß (politische) Sprache immer auch auf Hintergrundwissen, Erfahrung und Einstellung des jeweiligen Rezipienten referiert. Somit ist eine garantierte Objektivität unmöglich. Das entspricht letztlich dem Wesen politischer Sprache und macht sie zum perfekten verbalen Handlungsmuster von Persuasion in der politischen Werbung.

Definition einzelner Wortgruppen

In meiner Untersuchung werde ich die folgenden vier Wortgruppen zusammenfassend als *politisches Vokabular* bezeichnen. Im Einzelnen werden sie in der sprachlichen Auswertung der jeweiligen Spots getrennt aufgeführt und falls nötig erläutert.

28

Gruppe 1: Schlagworte

Mit Hilfe der Schlagworte werden Programme reduziert auf überschaubare, einfache Sachverhalte.[31] Ihnen sind nicht so sehr inhaltsvermittelnde Eigenschaften zuzurechnen, vielmehr dienen sie einer emotionalen Ansprache der Rezipienten.

Monika Toman-Banke macht ihren Gebrauch abhängig von der Aktualität des jeweiligen Themas. Ihre Halbwertzeit ist meist begrenzt und ihre Aussageabsicht nur durch den gegenwärtigen Zusammenhang zu verstehen.[32] Mit kleinen Ausnahmen läßt sich dies durchaus bestätigen.

Gruppe 2: Symbolworte

Diese Gruppe läßt sich in zwei Subkategorien aufgliedern:

a) Fahnenworte

Dies sind vom Sprecher aus positiv konnotierte Begriffe. Sie beziehen sich auf tradierte Werte der Partei, die den Kern ihrer Politik bilden, und dienen einer positiven Selbstdarstellung.

Gleichzeitig sollen sie aber auch als allgemeingültige Werte für die gesamte Gesellschaft verstanden werden. Ihnen kann man, wenn auch nur in sehr begrenztem Maße, einen inhaltsvermittelnden Charakter zuschreiben.

Sie unterliegen in der Regel keinem Bedeutungswandel und sind meist sehr langlebig.

b) Stigmaworte

Der Einsatz solcher Worte dient der Diskreditierung des politischen Gegners. Sie sind immer negativ konnotiert und fügen sich in ein tradiertes „Freund-Feind-Schema". Ebenso wie Fahnenworte sind sie ideologiegebunden.

Durch diese Eigenschaften kann man die Gruppe *Symbolworte* auch als Abgrenzungsvokabular bezeichnen, das die Gruppenzugehörigkeit unterstützen soll.

---

[31] Vgl. dz. W. Dieckmann: „Sprache in der Politik. Einführung in die Pragmatik und Semantik der politischen Sprache." Heidelberg 1975, S.101f
[32] Vgl. dz. M. Toman-Banke, a.a.O., S.50ff

Gruppe 3: Reizworte

Sie bilden praktisch eine Ergänzung zu den Symbolworten, wobei Konnotation oder Denotation abhängig von der Vorstellung und dem Verständnis des Rezipienten sind. Ihre tatsächliche Wirkung ist nur sehr schwer abzuschätzen, da sie sowohl Zustimmung, als auch Ablehnung hervorrufen können. Ihr Zweck ist es, zu polarisieren.

Gruppe 4: Hochwertworte

Hierbei handelt es sich um die schwierigste Gruppe des politischen Vokabulars. Sie sind immer positiv besetzt und frei von ideologischen Beimischungen.[33] Generell gilt, daß sie bei jedermann Zustimmung hervorrufen sollen, unabhängig von der persönlichen Lebenssituation oder politischen Einstellung. Zu beachten ist dabei besonders der Kontext, in dem sie verwendet werden. Häufig gelangen sie dadurch in den Einflußbereich ideologischer Verknüpfungen, was eine Abgrenzung zu anderen Wortgruppen schwierig macht. Ihre Funktion ist die emotionale Ansprache mittels allgemeingültiger Werte, die über den Rahmen der politischen Bühne hinaus reichen.

Struktur politischer Texte

Nicht nur der Gebrauch bestimmter Wortgruppen ist entscheidend für die Textwirkung, auch die Textstruktur kann dazu beitragen, bestimmte Aussageabsichten zu verstärken.

Wie bereits angesprochen betont Alexander Tillmann, daß die monologisch strukturierten Texte idealerweise dialogisch aufgebaut sein sollten, um Gegenargumenten vorzugreifen und Zustimmung zu erreichen. Daraus ergibt sich seiner Einschätzung nach ein bestimmtes System der Textgestaltung, der verschiedene Vorüberlegungen zugrunde liegen.

Grundsätzlich basieren politische Texte nicht auf spontaner Sprache, sondern werden entsprechend der kontextuellen Situation der Rede konstruiert. Dies setzt ein politisches Vokabular voraus, mit dessen Hilfe sich Aussageabsicht und Textwirkung in gewünschter Weise beeinflussen lassen. Aber nicht nur einzelne

---

[33] Vgl. dz. M. Toman-Banke, a.a.O., S.50ff

Begriffe oder Wortgruppen werden gezielt genutzt, zusätzlich kommt eine wohlüberlegte Textstruktur zum Einsatz.

Dies gilt insbesondere für die Wahlwerbespots, da sie, anders als beispielsweise Plakate, nicht nur mit einzelnen Schlagworten oder Slogans operieren, sondern auf einem vollständigen und längeren Text basieren.

Dabei muß der Autor im wesentlichen zwei Aspekte berücksichtigen:[34]

1. Was soll/darf/muß der Adressat wissen/glauben?

2. Wie muß der Text konzipiert sein, damit sich der Adressat der Intention entsprechend verhält?

Zusammengefaßt reflektieren diese beiden Aspekte die allgemein akzeptierte Kommunikationstheorie von Harold Laswell aus dem Jahr 1966, die seitdem als Grundlage der Konzeption von Kampagnen dient:

Wer sagt was auf welchem Weg mit welcher Wirkung[35]

Diese Überlegungen werden Tillmanns Analyse folgend durch vier zentrale Sprachhandlungsmuster realisiert, die er als *Sequenzen* bezeichnet.[36]

Die Sequenzen im Einzelnen

1. Profilierungs-Sequenz:

Sprachhandlungsmuster =	Aufweis der Legitimation
Untermuster =	Selbstcharakterisierung
	Nachweis der Kompetenz
	Nachweis von Kontinuität

2. Polarisierungs-Sequenz:

Sprachhandlungsmuster =	Aufweis unterschiedlicher Wertvorstellung
	Aufweis unterschiedlicher Ziele
Untermuster =	Nachweis von Kontinuitätsmangel
	Nachweis von Kompetenzmangel

---

[34] A. Tillmann, a.a.O., S.130
[35] zitiert in: S. Hönemann, M. Moors, a.a.O., S.25f
[36] A. Tillmann, a.a.O., S.168ff

Nachweis von Glaubwürdigkeitsmangel

3. Diskriminierungs-Sequenz:

Sprachhandlungsmuster = Infragestellung der Legitimation des politischen
Gegners bei gleichzeitigem Nachweis der eige-
nen Legitimation

Untermuster = Nachweis der „Nichtwählbarkeit" des politischen Gegners

Prophezeiung negativer Entwicklungen

Aussicht auf positive Entwicklungen bei der
Entscheidung für die werbende Partei

4. Entlarvungs-Sequenz:[37]

Sprachhandlungsmuster = Aufweis von Defiziten in der bisherigen Politik

Untermuster = Nachweis von Kontinuitätsmangel

Nachweis von Kompetenzmangel

Nachweis von Glaubwürdigkeitsmangel

Das Modell von Alexander Tillmann möchte ich um eine fünfte Sequenz erwei-
tern, die sich ausschließlich in den Texten von Regierungsparteien wiederfindet.

5. Prolongierungs-Sequenz:

Sprachhandlungsmuster = Aufweis von Kontinuität als zukunftsicherndem
Element vs. Veränderungen durch Regierungs-
wechsel

Untermuster = Zuordnung der „negativen" Vergangenheit in
den Verantwortungsbereich des politischen Gegners

Suggestion einer linearen (positiven) Fortent-
wicklung von „Gestern" nach „Morgen" durch
die werbende Partei

---

[37] Diese Sequenz ist nach Einschätzung von Tillmann fast ausschließlich in Texten der Oppositionsparteien zu finden.

Dabei beziehe ich mich auf Paul Hermann Gruner, der den Begriff „Prolongie-rung" in seiner Analyse einzelner Slogans prägt.[38] Ihnen ist seiner Definition nach zu eigen, daß sie zwar zukunftsorientiert formuliert sind, im Kern aber den Erhalt des Status Quo fordern.

Als Beispiele seien kurz genannt:

„Weiter vorwärts mit Blücher für Deutschland." FDP 1953

„Auch morgen sicher leben – CDU" CDU 1961

„Wir sind auf dem richtigen Weg" CDU 1983

Gruner bezeichnet das Wesen solcher Slogans als „konservative Hegemonie", da ihnen eine Dichotomie zwischen scheinbar moderner Zukunftsstrategie bei gleichzeitiger strukturbewahrender Ordnung zu eigen ist.

Ich vertrete die Ansicht, daß dies nicht nur für einzelne Slogans aus der Plakat-werbung gilt, sondern daß sich solche Konzepte auch in den komplexen Texten der Wahlwerbespots wiederfinden. Deshalb erscheint es mir sinnvoll, sie eben-falls in das Modell der Sequenzierung zu übernehmen.

Dort eingesetzt dienen sie einer feineren Zuordnung, da sie eine Brücke bilden zwischen Diskriminierungs- und Profilierungs-Sequenz.

Ähnlich wie bei dem im vorangehenden Kapitel beschriebenen politischen Vo-kabular gilt meiner Ansicht nach allerdings auch hier, daß sich die Sequenzen gelegentlich überschneiden können. Ein Satz kann, gegliedert in mehrere Halb-sätze, gleichzeitig unterschiedliche Funktionen übernehmen, deshalb ist eine strikte Trennung nur im begrenzten Maße möglich.

In den Untersuchungen einzelner Spots werde ich die Sequenzen immer nur dann explizit herausheben, wenn sie sprachlich besonders auffällig sind oder ihnen eine wichtige Bedeutung für die Wirkungsabsicht zukommt.

---

[38] P. H. Gruner, a.a.O., S.26

5. Untersuchung der Spots zu den Bundestagswahlen von 1969 bis 1994

Mit Hilfe der folgenden Niederschriften ausgewählter Wahlwerbespots der F.D.P. soll untersucht werden, welche sprachlichen Besonderheiten es bei der Nutzung des Mediums Fernsehen gibt. Mir erscheint die komplette Verschriftlichung der Spots notwendig, da ein Extrahieren besonders auffälliger Aussagen meiner Meinung nach nur ein sehr unvollständiges Bild von dieser Art der Werbung wiedergibt. Denn das Medium Fernsehen setzt sich aus unterschiedlichen Wahrnehmungsebenen zusammen, die sich gegenseitig beeinflussen und in ihrer Gesamtheit eine bestimmte Wirkung erzielen.

5.1 Bundestagswahl 28. September 1969

Politischer Hintergrund: große Koalition unter Kiesinger (CDU) und Brandt (SPD) seit 1966

Ausstrahlungsort: öffentlich – rechtliche Sender, ohne Titel

Aufblende: schwarzer Hintergrund; Einblenden der drei Punkte und der Buchstaben

Sprecher aus dem Off: Hier sind die politischen Gedanken der F.D.P. Hier sind Menschen, die sie vertreten.

Schnitt

Aufblende: Portraitaufnahme der Politikerin Helga Schuchardt

H. Schuchardt: Die F.D.P. ist für das Herabsetzen des Wahlalters auf achtzehn Jahre. Mit achtzehn endet die Schulpflicht, mit achtzehn beginnt die Wehrpflicht.

Einblendung unten: Helga Schuchardt F.D.P.

Man muß mit achtzehn auf die Politik seines Landes einwirken können.

Schnitt

Aufblende: Portraitaufnahme des Politikers Hans – Dietrich Genscher

H.-D. Genscher: Gruppen, die nicht über mächtige Interessenverbände verfügen, sind Stiefkinder der großen Koalition.

34

Einblendung unten: Hans – Dietrich Genscher F.D.P.

Viele selbständige Existenzen werden von der Steuerpolitik dieser Regierung und durch andere Lasten bedroht. Der öffentliche Dienst wurde vernachlässigt. Der Besoldungsrückstand der Beamten war niemals zuvor so groß wie unter der Regierung Kiesinger / Brandt. Die neue Bundesregierung muß hier schnell und wirksam Abhilfe schaffen.

Schnitt

Aufblende: Portraitaufnahme des Politikers Jürgen Schweinfurth

J. Schweinfurth: Unser Schulwesen besteht aus elf Provinzen. Zum Nachteil unserer Kinder, zum Nachteil der Eltern.

Einblendung unten: Jürgen Schweinfurth F.D.P.

Was wir brauchen, ist die offene Schule in allen elf Bundesländern. Wir brauchen das Bundeskultusministerium.

Schnitt

Aufblende: Portraitaufnahme des Politikers Karl Moersch

K. Moersch: Wir leisten uns eine zersplitterte Forschung, ein bißchen Bund, ein bißchen Länder.

Einblendung unten: Karl Moersch F.D.P.

Was wir brauchen, sagt die F.D.P: Klare Zuständigkeit des Bundes für eine planvolle Wissenschaftspolitik und Forschung.

Schnitt

Aufblende: Portraitaufnahme des Politikers Dr. Hermann Eicher

Dr. H. Eicher: Unser Grundgesetz fordert: gleiche Chancen für alle in gleich leistungsstarken Ländern.

Einblendung unten: Dr. Hermann Eicher F.D.P.

Und was hat die Finanzreform der großen Koalition erreicht? Die armen Länder blieben arm, die reichen reich. Die F.D.P. will dafür sorgen, daß alle Bürger gleiche Chancen erhalten.

Schnitt

Aufblende: Portraitaufnahme des Politikers Wolfram Dorn

W. Dorn: Bei uns werden täglich Telefongespräche abgehört. Das ist eine Auswirkung der Notstandsgesetze.

Einblendung unten: Wolfram Dorn F.D.P.

Wer aber zu Unrecht abgehört wird, hat kein Rechtsmittel, dagegen einzugreifen. Wir freien Demokraten werden es ihm verschaffen.

Schnitt

Aufblende: Portraitaufnahme des Politikers Prof. Werner Maihofer

Prof. W. Maihofer: Mit dem Knüppel des Ordnungsrechts sind die Universitäten nicht zu befrieden.

Einblendung unten: Prof. Werner Maihofer F.D.P.

Es muß ein Ende haben, daß unsere Polizei als Prügelknabe versäumter Hochschulreformen mißbraucht wird. Die F.D.P. fordert, auch für die Universität, eine Politik des entschlossenen Fortschritts.

Schnitt

Aufblende: Portraitaufnahme der Politikerin Lieselotte Funcke

L. Funcke: Hausfrau sein, ist ein richtiger Beruf. Unser höchstes Gericht hat dies festgestellt.

Einblendung unten: Lieselotte Funcke F.D.P.

Ein sehr anstrengender Beruf mit 70 Stundenwoche, aber ohne eigene Alterssicherung. Das muß anders werden. Die Hausfrau hat für ihre viele Arbeit Anspruch auf eine eigene Rente.

Schnitt

Aufblende: Portraitaufnahme des Politikers Walter Peters

W. Peters: Klein-, Mittel-, Großbetriebe, alle tragen gemeinsam zum Wachstum bei.

Einblendung unten: Walter Peters F.D.P.

Deshalb müssen alle Betriebsgrößen gleiche Chancen haben, nur dann funktioniert unsere Marktwirtschaft.

Schnitt

Aufblende: Portraitaufnahme des Politikers Dr. Hans Friderichs

Dr. H. Friderichs: Die Arbeitnehmer brauchen mehr Mitwirkungsrechte in den Betrieben, in denen sie arbeiten.

Einblendung unten: Dr. Hans Friderichs F.D.P.

Das Montan – Modell der Mitbestimmung schafft dies nicht, es bringt Funktionärsmitbestimmung. Wir fordern: Mitbestimmungsrechte der Arbeitnehmer in den eigenen Betrieben.

Schnitt

Aufblende: Portraitaufnahme der Politikerin Dr. Hedda Heuser

Dr. H. Heuser: Wer arbeitet, muß gesund bleiben. Aber solange wir den Krebs mit der Luft einatmen,

Einblendung unten: Dr. Hedda Heuser F.D.P.

ist unsere Gesundheitspolitik krank. Wir brauchen Vorsorgeuntersuchungen der Früherkennung von Krankheiten durch die soziale Krankenversicherung. Und das gilt ganz besonders für unsere Kinder.

Schnitt

Aufblende: Portraitaufnahme des Politikers Wolfgang Lüder

W. Lüder: Realitäten lassen sich nicht ausklammern. Sie müssen zur Grundlage politischen Handelns genommen werden.

Einblendung unten: Wolfgang Lüder F.D.P.

Die DDR ist ein Staat und kein Gebilde. Mit ihr muß von Staat zu Staat verhandelt werden. Zum Beispiel über den freien Zugang nach West-Berlin. Wir können doch 1969 nicht in den Formeln von 1949 denken.

Schnitt

Aufblende: Portraitaufnahme des Politikers Wolfgang Mischnick

W. Mischnick: Schluß mit dem Alleinvertretungsanspruch. Wir müssen endlich mit der DDR sprechen.

Einblendung unten: Wolfgang Mischnick F.D.P.

Die freien Demokraten haben dazu einen konkreten Vertrag vorgelegt. Wir wollen das Verhältnis zwischen den beiden deutschen Staaten normalisieren und nicht Herrn Ulbricht die Alleinvertretung aller Deutschen überlassen.

Schnitt

Aufblende: Portraitaufnahme des Politikers Prof. Ralf Dahrendorf

Prof. R. Dahrendorf: Parteien, Parlamente und Regierung trennt heute eine Glaubwürdigkeitslücke vom Volk.

Einblendung unten: Prof. Ralf Dahrendorf F.D.P.

Mehr Öffentlichkeit, wirksame Beteiligung des Bürgers, und unser Stil der ständigen Diskussion, auch mit unbequemen Gruppen, dienen einer Ordnung, die nicht Friedhofsstille, sondern Offenheit für neue Wege heißt.

Schnitt

Aufblende: Portraitaufnahme des Politikers Hans – Wolfgang Rubin

H.-W. Rubin: Die F.D.P. ist für eine aktive, selbstbewußte Ostpolitik.

Einblendung unten: Hans – Wolfgang Rubin F.D.P.

Für eine gesamteuropäische Sicherheitskonferenz, mit den USA, der Sowjetunion, selbstverständlich unter Teilnahme der DDR. Es ist an der Zeit, daß die Bundesrepublik endlich einen entscheidenden Beitrag für den Abbau der Spannungen in Europa leistet.

Schnitt

Aufblende: Portraitaufnahme des Politikers Walter Scheel

W. Scheel: Sie sehen,

Einblendung unten: Walter Scheel F.D.P.

neue Gedanken sind überall. Gute, demokratische Gedanken. Für Deutschland. Für unsere Sicherheit. Für unsere Ausbildung. Wir von der F.D.P. stehen zu diesen Gedanken. Wir haben daraus ein Konzept gemacht. Das werden wir durchsetzen. Mit aller Kraft. Überlassen Sie die Zukunft nicht den Gestrigen. Wer so denkt wie wir, kommt zur F.D.P. Je mehr denken, je stärker werden wir. Kommen Sie zu uns, machen Sie uns stark. Sie können Deutschland verändern!

Schnitt

Aufblende: schwarzer Hintergrund, einblenden der drei Punkte und Buchstaben (F.D.P.)

Dauer ca. fünf Minuten

Zusammenfassung der sprachlichen Untersuchung für den Spot zur Bundestagswahl 1969

Technische Gestaltung

Zunächst einmal fällt auf, daß dieser Spot überdurchschnittlich lang ist. Ich nehme an, daß das Gesetz zur Verteilung der Sendezeit (Begrenzung auf 2 ½ Minuten kostenlose Sendezeit pro Partei) erst nach 1969 in Kraft getreten ist. Ein weiteres Merkmal ist die gleichförmige, statische Gestaltung des Spots. Die Kameraperspektive wird nicht verändert, nur die auftretenden Personen wechseln, getrennt durch Schnitte (insgesamt 17). Es handelt sich um einen Statement-Spot, in welchem die Sprecher ohne vorangehende Fragestellung durch einen Off-Sprecher oder Interviewpartner Einzelaspekte des Parteiprogramms vortragen.

Durch die Portraitaufnahme der Sprecher, die mit einer einzigen Kameraeinstellung realisiert wird, entsteht eine intime Atmosphäre, das Gefühl eines Gespräches unter vier Augen. Dem Zuschauer wird mit dieser Perspektive das Gefühl der direkten und individuellen Ansprache vermittelt. Die einzelnen Politiker und Politikerinnen werden dem Zuschauer mit Untertitel namentlich vorgestellt. Diese Einblendung in der unteren Bildhälfte ist das einzige zusätzliche gestalterische Mittel. Auf Musik oder ähnliches wurde vollständig verzichtet.

Sprachliche Gestaltung

Formal zeichnen sich die Statements der Sprecher dadurch aus, daß sie umgangssprachlich formuliert und die Sätze kurz und klar gestaltet sind. Längere oder verschachtelte Sätze wie bei Dr. Ralf Dahrendorf bilden eine Ausnahme. Auch findet sich in seinem Statement das einzige umgangssprachliche Kompositum (*Glaubwürdigkeitslücke*). Alle anderen Komposita sind dem politischen Fachjargon zuzuordnen (Alterssicherung, Sicherheitskonferenz, Besoldungsrückstand u.a.). Aber mit Ausnahme des Begriffes „Montan-Modell" (Dr. H. Friderichs) erklären sie sich alle selbst.[39] Durch ihre Verständlichkeit beschrän-

---

[39] Hierzu sei angemerkt, daß dieses Modell der Mitbestimmung in der großen Koalition von 1966 für einige Schwierigkeiten sorgte, in der Bundestagswahl von 1969 ein aktuelles Thema war, und somit davon auszugehen ist, daß die Zuschauer mit diesem Begriff vertraut waren.

ken sich die Sprecher nicht auf einen bestimmten Adressatenkreis. Komplizierte oder schwer verständliche Fremdworte fehlen völlig.

Im Gegensatz dazu, werden aber eine Fülle von Modalverben verwendet, insgesamt etwa 18 Stück. Die drei häufigsten sind *brauchen, fordern* und *wollen*. Der Gebrauch dieser Verben unterstreicht die politische Position der F.D.P. (Opposition). Bei den Modalsätzen handelt es sich um sogenannte *Profilierungs-Sequenzen*[40], deren Absicht das Aufzeigen der eigenen Legitimation, der Selbstcharakterisierung und des Nachweises der Kompetenz ist.

Im Vergleich dazu wird das Modalverb *müssen* immer dann eingesetzt, wenn die Entscheidungen der bisherigen Regierung in Frage gestellt werden. Dies entspricht der *Entlarvungs-Sequenz*, die nach A. Tillmann vornehmlich in den Texten von Oppositionsparteien genutzt wird, und deren Absicht das Nachweisen von Kompetenz- und Glaubwürdigkeitsmangel ist.

Wie bereits erwähnt, ist eine strenge Kategorisierung von Worten in ein eindeutiges Bedeutungssystem kaum möglich. Die folgende Auflistung soll nur einen Überblick über das politische Vokabular bieten. Manche Begriffe ließen sich durchaus in verschieden Kategorien einteilen. In erster Linie geht es darum, nachzuprüfen, ob es bei der F.D.P. – unabhängig ob Regierungs- oder Oppositionspartei – eine Wortschatzstabilität gibt und ob im Verlauf der Jahre semantische Veränderungen einzelner Begriffe stattgefunden haben.

Hochwertworte

Grundgesetz, gleiche Chancen, Sicherheit

Reizworte

Provinzen (polemisch für Bundesländer), Finanzreform, Notstandsgesetze, DDR, Alleinvertretungsanspruch, Glaubwürdigkeitslücke, Knüppel des Ordnungsrechts

---

[40] Zur Systematisierung einzelner Sequenzen vgl. A. Tillmann a.a.O., S.168ff und S.25 dieser Arbeit

Fahnenworte

freie Demokraten, entschlossener Fortschritt, Marktwirtschaft, Mitbestimmungsrechte, Arbeitnehmer, Ordnung, Europa, selbständige Existenzen

Stigmaworte

mächtige Interessenverbände, Funktionärsmitbestimmung, Gestrigen

Schlagworte

klare Zuständigkeit des Bundes, planvolle Wissenschaftspolitik, soziale Krankenversicherung, mehr Öffentlichkeit, wirksame Beteiligung des Bürgers, Stil
der ständigen Diskussion, selbstbewußte Ostpolitik

Ein Merkmal der politischen Forderungen ist in vielen Fällen ihre Allgemeingültigkeit, die nicht zwingend mit der Partei verknüpft ist. Auch wenn dieser
Bezug durch den Rahmen der Wahlwerbung vorgegeben ist, fällt doch auf, daß
nur in fünf der sechzehn Statements eine ausdrückliche Verbindung zwischen
politischem Anspruch und Partei hergestellt wird:

K. Moersch: Was wir brauchen, sagt die F.D.P. [...]

Dr. H. Eicher: Die F.D.P. will dafür sorgen [...]

W. Dorn: [...] Wir freien Demokraten werden es ihm verschaffen.

Prof. W. Maihofer: Die F.D.P. fordert [...]

H. – W. Rubin: Die F.D.P. ist für eine aktive, selbstbewußte Ostpolitik.

Bedingt durch die überwiegend knappen Sätze, werden nur wenige bildhafte
Formulierungen verwendet, die ohne nähere Erläuterungen zu verstehen sind.

H.-D. Genscher: [...] Stiefkinder der großen Koalition.

Prof. W. Maihofer: Mit dem Knüppel des Ordnungsrechts [...]; [...] unsere Polizei als Prügelknabe versäumter Hochschulreformen[...]

Dr. Hedda Heuser: Aber solange wir den Krebs mit der Luft einatmen [...]

Bei der Themenwahl der einzelnen Sprecher fällt auf, daß fast alle zentralen politischen Bereiche angesprochen werden (Wirtschaftspolitik, Umweltpolitik,
Bildungspolitik, Außenpolitik). Es ergibt sich dadurch das Bild einer Partei, die
auf alle aktuellen Probleme eine Antwort parat hat.

Im Zusammenhang mit der Themenwahl läßt sich auch feststellen, daß die drei Frauen „klassisch" weibliche Inhalte vertreten. Helga Schuchardt spricht mit ihrer Forderung nach dem Herabsetzen des Wahlalters die Gruppe der Jugendlichen an, Hedda Heuser fordert, besonders für die Kinder, eine verbesserte Gesundheitspolitik, und Lieselotte Funcke tritt für eine eigene Alterssicherung der Hausfrauen ein. All dies sind Themen, die zum einen ausschließlich innenpolitische Bedeutung haben, zum anderen gehören sie alle im weiteren Sinne in den sozialpolitischen Bereich. Außen- oder wirtschaftspolitische Inhalte werden ausschließlich von Männern vertreten. Zudem fällt auf, daß Lieselotte Funcke verbal in die Offensive geht, um ihrem Ansinnen Nachdruck zu verleihen, indem sie das Bundesverfassungsgericht zur Sprache bringt.

„Hausfrau sein, ist ein richtiger Beruf. Unser höchstes Gericht hat dies festgestellt."

Möglicherweise ein Versuch, den (männlichen) Zweiflern die Legitimität dieser Forderung deutlich zu machen.

Kritik an anderen Parteien bzw. der aktuellen Regierung kommt in diesem Spot nur sehr selten vor. Zweimal wird die große Koalition namentlich in die Kritik genommen, dennoch bleibt der Spot insgesamt weitestgehend frei von Polemik oder Schuldzuweisungen.

H.-D. Genscher: Viele selbständige Existenzen werden durch die Steuerpolitik dieser Regierung [...] bedroht.

Dr. H. Eicher: Und was hat die Finanzreform der großen Koalition erreicht? Die armen Länder blieben arm, die reichen reich.

Nur in Einzelfällen werden die politischen Entscheidungen der amtierenden Regierung zum Anlaß genommen, Veränderungen zu fordern.

K. Moersch: Wir leisten uns eine zersplitterte Forschung, ein bißchen Bund, ein bißchen Länder. Was wir brauchen, sagt die F.D.P: Klare Zuständigkeit des Bundes für eine planvolle Wissenschaftspolitik und Forschung.

Dr. H. Friderichs: [...] Das Montan-Modell der Mitbestimmung schafft dies nicht, es bringt Funktionärsmitbestimmung. Wir fordern: Mitbestimmungsrechte der Arbeitnehmer in den eigenen Betrieben.

W. Lüders: Realitäten lassen sich nicht ausklammern.

Auch die Anrede der Fernsehzuschauer wird im gesamten Spot nur sehr zurückhaltend eingesetzt. Insgesamt geschieht dies durch „kollektive" Personal- und Possessivpronomen, wobei sie in diesem Zusammenhang nicht auf die politische Gemeinschaft in der Partei beschränkt sind, sondern den Partizipationsgrundsatz des Rechtsstaates implizieren. Sie schaffen ein Wir – Gefühl, welches den Zuschauer mit einschließt.

J. Schweinfurth: Unser Schulwesen besteht aus elf Provinzen. Zum Nachteil unserer Kinder. Zum Nachteil der Eltern. Was wir brauchen, ist die offene Schule in allen elf Bundesländern. Wir brauchen das Bundeskultusministerium.

Dr. Hedda Heuser: Wir brauchen Vorsorgeuntersuchungen der Früherkennung von Krankheiten durch die soziale Krankenversicherung. Und das gilt ganz besonders für unsere Kinder.

Die einzige direkte Anrede an die Zuschauer als Einzelperson findet sich am Ende des Spots bei Walter Scheel.

„Sie sehen [...]; Kommen Sie zu uns, machen Sie uns stark. Sie können Deutschland verändern."

Eine weitere Auffälligkeit ist das Fehlen eines direkten Wahlaufrufes im Spots. Zwar dient natürlich die abschließende Zusammenfassung Walter Scheels als Aufruf, auch die eigentliche Funktion eines Wahlwerbespots ist natürlich unzweideutig.

„Kommen Sie zu uns, machen Sie uns stark."[41]

Aber dies bezieht sich eben nicht ausdrücklich auf die Wahl, sondern ließe sich auch als Aufforderung zum Eintritt in die Partei verstehen.

Rhetorische Mittel werden recht sparsam eingesetzt. Nur in einem einzigen Statement (Dr. H. Eicher) findet sich eine rhetorische Frage. Allerdings werden einige Metaphern verwendet, welche die inhaltlichen Bezüge der Aussagen sehr anschaulich verdeutlichen. Als Beispiele seien genannt:

---

[41] Diese Formulierung referiert im übrigen auf einige Zeitungsanzeigen der Kampagne, die alle mit diesem Satz abschließen.

Stiefkinder der großen Koalition, elf Provinzen (polemisch für Bundesländer), *Knüppel des Ordnungsrechts, Prügelknabe versäumter Hochschulreformen, den Krebs mit der Luft einatmen*

Interessanterweise gehören sie alle zu der Gruppe der Reizworte, was die Definition politischer Metaphern von Rolf Bachem und Kathleen Battke[42] unterstützt. Sie gehen davon aus, daß Metaphern gewichten, werten und politische Sachverhalte vereinfachen, dabei gelegentlich verdeckte Argumentationsmuster enthalten.

Der Parteiname wird nur in sechs der sechzehn Statements direkt erwähnt. Dies ist auch nur bedingt nötig, da in jeder Sequenz der Name des jeweiligen Sprechers und der Partei in der unteren Bildhälfte eingeblendet wird. In zwei Spots wird das Kürzel F.D.P. sprachlich durch den Begriff *freie Demokraten* ergänzt. 1969 war das erste Jahr, in welchem das Parteilogo mit den drei Punkten präsentiert wurde. Möglicherweise ein Ergebnis aus dem neuen Kurs der F.D.P., den die Partei nach dem Koalitionsbruch 1966 und interner Führungsstreitigkeiten eingeschlagen hatte.

Abschließend bleibt festzuhalten, daß der damalige stellvertretende Parteivorsitzende H.-D. Genscher und Walter Scheel – zu dieser Zeit Vizepräsident des Bundestages – die meiste Redezeit haben. Indiz für eine Konzeption, die sich sehr stark auf bekannte und populäre Repräsentanten der Partei stützt.

5.2 Bundestagswahl 1972

Politischer Hintergrund: sozial – liberale Koalition unter Brandt seit 1969

Ausstrahlungsort: öffentlich – rechtliche Sender

Titel des Spots: Vorfahrt für Vernunft

Aufblende: schwarzes Vorfahrtsschild auf gelbem Grund; Hintergrundmusik (Fanfarenklänge); in der Mitte des Schildes wird der Schriftzug der F.D.P. eingeblendet

Schnitt

---

[42] Vgl. dz. J. Bachem, K. Battke: „Strukturen und Funktionen der Metapher 'Unser gemeinsames Haus Europa' im aktuellen politischen Diskurs." in: F. Liedtke u.a. (Hg.) a.a.O., S. 296

44

Aufblende: Farbportrait Walter Scheels, Untertitel: Walter Scheel Bundesminister des Auswärtigen

Sprecher aus dem Off: 1969 führte Walter Scheel die F.D.P. in die neue Regierung. Als Weichensteller der sozial-liberalen Koalition. Auf dem Weg in eine aktive Friedenspolitik.

Schnitt

Aufblende: Scheel links im Bildvordergrund; Hintergrund Liveaufnahmen von der Gipfelkonferenz in Den Haag

W. Scheel: Mehr Europa hieß ein großes Ziel der sozial-liberalen Koalition. Von der Gipfelkonferenz in Den Haag bis zur Erweiterung der EWG führt ein gerader Weg.

Kameraschwenk: W. Scheel wird von links in die Mitte des Bildes geschwenkt und vergrößert; der Hintergrund (Nationalfahnen) ist kaum noch zu erkennen

Die größte Wirtschaftsgemeinschaft der Welt entstand. Mit dreihundert Millionen Menschen.

Wechsel des Hintergrundes: Militärjet und Militäreinheiten

Mit der Sicherheit des Nato-Bündnisses, gemeinsam mit unseren Freunden im Westen,

Wechsel des Hintergrundes: Weißes Haus in Washington

suchte unsere Regierung den Ausgleich mit dem Osten.

Wechsel des Hintergrundes: US-Präsident Richard Nixon

Unterstützt und ermutigt durch unsere Partner, unbeirrt auch durch die, die zuerst Widerstand predigten,

Wechsel des Hintergrundes; wahrscheinlich Bilder der Nato-Konferenz

um sich nachher zu enthalten. Am 12. August 1970 wird das Gewaltverzichtsabkommen mit der Sowjetunion unterzeichnet.

Wechsel des Hintergrundes: Breschnew und Brandt bei der Vertragsunterzeichnung

Mit dem Abkommen von Warschau beginnt ein neues Kapitel in der Geschichte der Deutschen und Polen.

Wechsel des Hintergrundes: Bilder aus der Stadt Warschau

Nach 25 Jahren vertragslosem Zustand wird am 5. September 1971 das Vier-mächteabkommen über Berlin unterzeichnet.

Wechsel des Hintergrundes: wahrscheinlich eine Botschaft in Berlin

Das Ergebnis: Sicherheit für die ganze Stadt, Erleichterung für die Menschen.

Ausblendung Walter Scheels; im Hintergrund wahrscheinlich Originalaufnahmen der Vertragsunterzeichnung; O-Ton eines russischen Vertreters: „Ende gut, alles gut"

Schnitt

Aufblende: Farbportrait Walter Scheels wie am Anfang

Sprecher aus dem Off: Unser Land braucht weiter die Regierung Brandt-Scheel, damit der Fortschritt weitergeht. Walter Scheel und die F.D.P. sind der Garant dafür.

Schnitt

Aufblende: Vorfahrtsschild auf gelbem Grund; Einblenden von CDU und CSU (schwarzer Schriftzug) unter bzw. auf dem rechten Querbalken des Schildes; Fanfarenklänge; Einblenden von SPD (roter Schriftzug) auf dem linken Querbalken

Sprecher aus dem Off: Den einen fehlt der Mut zu Reformen,

rechter Querbalken mit CDU und CSU brökelt und bricht ab

den anderen das Augenmaß für Realitäten

SPD-Logo sägt sich den linken Querbalken selbst ab, bricht weg, der mittlere Vorfahrts-balken wird nach oben verschoben

Dazwischen die wache F.D.P.

Parteiname wird unten rechts eingeblendet

Schnitt

Aufblende: schwarzes Vorfahrtsschild auf gelbem Grund, Parteiname wird rechts unten eingeblendet; Unterschrift: Vorfahrt für Vernunft

Sprecher aus dem Off: Nur mit der F.D.P geht es weiter mit Vernunft.

Dauer: ca. 2 ½Minuten

Zusammenfassung der sprachlichen Untersuchung für den Spot zur Bundestagswahl 1972

Technische Gestaltung

Bereits die erste Aufblende sorgt durch ihre musikalische Gestaltung für größtmögliche Aufmerksamkeit. Die Fanfarenklänge, welche das eingeblendete Vorfahrtsschild mit dem F.D.P.-Logo begleiten, sind kaum zu ignorieren. Auch die optische Umsetzung arbeitet mit vielerlei Mitteln, die zum Hinsehen animieren. Beispielsweise wird in diesem Spot mit dem sogenannten Blue-Box-Verfahren gearbeitet. Während der Ansprache Walter Scheels, die den Kern des Spots bildet, werden im Hintergrund Originalbeiträge zu den entsprechenden Aussagen (Gipfelkonferenz in Den Haag, Nato-Konferenz u.a.) gezeigt.

Obwohl technisch wohl auf der Höhe der Zeit, ist diese Art der optischen Umsetzung nicht besonders gut gelungen. Da Walter Scheel recht oft mit dem Hintergrund verschmilzt, was möglicherweise beabsichtigt ist, wird der Zuschauer sehr stark von seiner Person abgelenkt. Seine Aussagen werden gelegentlich durch den O-Ton der Hintergrundfilme überlagert bzw. gestört.

Zudem kommt hinzu, daß Walter Scheel einige Male deutlich rechts an der Kamera vorbeischaut. Dies wirkt sich negativ auf seinen Sprechrhythmus aus. In späteren Spots sind solche Unsicherheiten nicht mehr zu bemerken.

Des weiteren erweist sich die Kameraführung als recht problematisch. So wird Walter Scheel oft „herangezoomt" und über den Bildausschnitt geschwenkt. Was dem Spot Dynamik verleihen soll, entspricht wohl eher der künstlerisch-psychedelischen Vorstellung der 70er Jahre und lenkt ungemein ab. Die Flut bewegter Bilder ist kaum zu verarbeiten.

Allerdings entstehen manchmal interessante Korrespondenzen mit den Originalaufnahmen und den Aussagen des Politikers. An einer Stelle spricht er von „unseren Freunden im Westen". Im Hintergrund ist Richard Nixon bei einem Empfang vor dem Weißen Haus zu sehen. Durch einen Kameraschwenk wird Walter Scheel links von Nixon positioniert, der eigentliche Gesprächspartner Nixons überdeckt. Es entsteht ein scheinbares Nebeneinander der beiden Politiker, welches obige Aussage visuell eindrucksvoll kommentiert und deutlich macht, wer diese „Freunde" sind.

Sprachliche Gestaltung

Diese Methodik ist letztlich auch für die sprachliche Gestaltung nicht uninteressant. Alles, was Walter Scheel formuliert, wird durch die Hintergrundfilme eindeutig kommentiert. So stark wie in kaum einem anderen Spot werden hier Sprache und Bilder konkret miteinander verknüpft.

Es ist anzunehmen, daß den meisten Zuschauern diese Bilder aus den Nachrichten noch vertraut waren. Ein hohes Maß an Wiedererkennung darf unterstellt werden.

Betrachtet man nun den politischen Hintergrund (sozial-liberale Koalition seit 1969), so dienen die Aufzählungen der erreichten außenpolitischen Ziele alle der Fortsetzung der Regierungsarbeit.

Dies hat zur Folge, daß die sprachliche Umsetzung im wesentlichen auf Schlagworten basiert, wobei gleichzeitig auffällt, daß nur wenige Fahnenworte eingesetzt werden. Reizworte, Stigmaworte werden gar nicht benutzt. Möglicherweise soll diese Art der Selbstdarstellung ein besonders positives und friedliebendes Image vermitteln, was ebenfalls durch die inhaltliche Gestaltung getragen wird.

Begriffe, die im eigentlichen Sinne Hochwertworte sind, werden hier durch ihren Kontext zu Schlag- oder Fahnenworten.

Schlagworte

aktive Friedenspolitik, Gipfelkonferenz in Den Haag, Erweiterung der EWG, größte Wirtschaftsgemeinschaft der Welt, Sicherheit des Nato-Bündnisses, Ausgleich mit dem Osten. Gewaltverzichtsabkommen, Abkommen von Warschau, Viermächteabkommen, Sicherheit für die ganze Stadt, Erleichterung für die Menschen, Garant, Mut zu Reformen, Augenmaß für Realitäten

Fahnenworte

sozial-liberale Koalition (isb. *liberal*), Europa, Fortschritt, Vernunft

Die Satzkonstruktion ist einfach und meist sehr kurz. Fremdworte tauchen nur im Sinne von politischen Jargonismen auf, die durch ihren aktuellen Bezug aber verständlich sein dürften.

Eine direkte Ansprache an die Zuschauer fehlt in diesem Spot völlig, des weiteren werden keine Personalpronomen gebraucht. Possessivpronomen werden nur sehr sparsam eingesetzt. Dabei ist allerdings zu bemerken, daß durch ihren Gebrauch anstelle von Artikeln bestimmte politische Beziehungen unterschiedlich gewichtet werden.

W. Scheel: „Mit der Sicherheit des Nato-Bündnisses, gemeinsam mit unseren Freunden im Westen, suchte unsere Regierung den Ausgleich mit dem Osten. Unterstützt und ermutigt durch unsere Partner, unbeirrt auch durch die, die zuerst Widerstand predigten, um sich nachher zu enthalten."

Modalsätze, wie sie 1969 noch häufig auftraten, fehlen fast völlig. Nur am Ende des Spots wird innerhalb einer *Prolongierungs-Sequenz* davon Gebrauch gemacht.

Sprecher aus dem Off: Unser Land braucht weiter die Regierung Brandt-Scheel[...]

Diese Häufung einzelner Sequenzen im letzten Drittel ist in diesem Spot sehr auffällig. Begonnen wird mit einer *Diskriminierungs-Sequenz*:

W. Scheel: Nach 25 Jahren vertragslosem Zustand wird am 5. September 1971 das Viermächteabkommen über Berlin unterzeichnet.

Die Diskriminierung wird hier sehr subtil durch den Nachweis an fehlenden Aktivitäten der vorangegangenen Regierungen, symbolisiert durch die 25 Jahre, realisiert.

Es folgt die oben zitierte *Prolongierungs-Sequenz*, der sich eine *Diskriminierungs-Sequenz* anschließt:

Sprecher aus dem Off: Den einen fehlt der Mut zu Reformen, den anderen das Augenmaß für Realitäten. Dazwischen die wache F.D.P.

Hier macht sich wieder die Korrespondenz zwischen Bildern und Sprache bemerkbar. Im Hintergrund ist ein Vorfahrtsschild zu erkennen, auf dessen linken Balken SPD, auf dem rechten CDU/CSU eingeblendet wird. Während der Off-Sprecher den ersten Satzteil vorträgt, bricht der rechte Querbalken mit CDU/CSU ab. Beim zweiten Satzteil sägt sich das SPD-Logo den linken Querbalken selbst ab.[43]

---

[43] Interessanterweise wird hier sogar der eigene Koalitionspartner kritisiert, was möglicherweise gleichzeitig profilierenden Charakter haben soll.

Während der profilierenden Aussage über die F.D.P. wird der übriggebliebene breite Pfeil nach oben verschoben und der Parteiname eingeblendet.

Abschließend folgt eine weitere *Prolongierungs-Sequenz*:

Sprecher aus dem Off: Nur mit der F.D.P. geht es weiter mit Vernunft.

Diese Fülle von Sequenzen am Ende des Spots soll einer Verstärkung der positiven Ergebnisse aus drei Jahren sozial-liberaler Koalition dienen.

5.3 Bundestagswahl 3. Oktober 1976 a

Politischer Hintergrund: sozial – liberale Koalition unter Helmut Schmidt seit 1974

Ausstrahlungsort: öffentlich – rechtliche Sender

Titel: „Leistung wählen"

Aufblende: Hände am Lenkrad eines Autos, Schwenk auf die Fahrerin (Helga Schuchardt);

Einblendung unten in gelber Schrift: „Gleichberechtigung haben wir, wenn wir nicht mehr darüber reden." Hans – Dietrich Genscher

Helga Schuchardt: Ja, man kann nur, wenn man sich aktiv beteiligt, etwas bewirken.

Sprecher aus dem Off: Diesmal werden noch mehr Frauen der F.D.P. ihr Vertrauen geben.

Schnitt

Aufblende: Ingrid Matthäus ebenfalls am Steuer eines Wagens

I. Matthäus: Alle Frauen, die Interessen der Frauen...

Sprecher aus dem Off: Gründe gibt es viele. Zum Beispiel, weil es Liberale waren, die den Paragraphen 218 in Gang gebracht haben.

Schnitt

Aufblende: H. Schuchardt im Auto

Sprecher aus dem Off: Liberale, die das neue Ehe – und Familienrecht in Gang gebracht haben.

Schnitt

Aufblende: Portraitaufnahme von der Politikerin Lieselotte Funcke

L. Funcke: Das hat es alles früher nicht gegeben. Das ist von den Liberalen erfochten und wird von ihnen gesichert.

Schnitt

Aufblende: Portraitaufnahme der Politikerin Dr. Hildegard Hamm-Brücher

Dr. H. Hamm-Brücher: Nun, so war's schon immer, daß die Liberalen die Initiativen gegeben haben.

Schnitt

Aufblende: I. Matthäus im Auto

I. Matthäus: Ohne Zweifel vertritt die F.D.P. die Interessen und die Probleme der Frauen am besten.

Schnitt

Aufblende: Hans-Dietrich Genscher am Konferenztisch

H.-D. Genscher: Für Liberale ist Politik nicht nur Männersache, bei uns haben auch die Frauen etwas zu sagen. Nicht, weil sie Frauen sind, sondern weil sie gut sind.

Schnitt

Im Hintergrund wird leise Gitarrenmusik eingespielt, die bis zum Ende des Spots weiterläuft.

Aufblende: Dr. H. Hamm-Brücher am Schreibtisch; Blick in die Kamera, dann Standbild

Sprecher aus dem Off: Das ist Hildegard Hamm-Brücher.

Einblendung unten: Dr. Hildegard Hamm-Brücher

Mutter zweier Kinder. Wer selbst Kinder hat, kann ihr vertrauen.

Dr. H. Hamm-Brücher: Mein Thema ist die Bildungspolitik. Ich setze mich dafür ein, daß unsere Schule ohne Angst ist.

Einblendung unten: F.D.P. – Vorsitzende im Bayr. Landtag

Ich kämpfe für mehr Ausbildungsplätze für unsere Schulabgänger und für Studienplätze für unsere Studenten.

Schnitt

Aufblende: I. Matthäus verläßt ein Gebäude, dann Standbild

Sprecher aus dem Off: Ingrid Matthäus.

Einblendung unten: Richter

Sie wird nicht hinnehmen, daß Frauen für gleiche Arbeit ein Drittel weniger verdienen.

Schnitt

Aufblende: Portraitaufnahme von der Politikerin Lieselotte Funcke

L. Funcke: ...in einer sozialen Ordnung, die dem Einzelnen gleiche Chancen eröffnet.

Standbild

Sprecher aus dem Off: Das ist Lieselotte Funcke.

Einblendung unten: Lieselotte Funcke

Kaum jemand setzt sich stärker für die sozial Schwachen unter uns ein.

L. Funcke: Es soll keiner in Unglück und Not allein bleiben.

Einblendung unten: Vorsitzende des Finanzausschusses im Bundestag

Aber es soll auch nicht der Staat alle verwalten und reglementieren.

Schnitt

Aufblende: Helga Schuchardt steigt in ein Auto.

Einblendung unten: Helga Schuchardt

Sprecher aus dem Off: Und das ist Helga Schuchardt.

Einblendung unten: Flugzeugingenieur

Sie packt unser Problem Nr. 1 an: Jugendarbeitslosigkeit.

Schwenk auf ihre Hand, die den Zündschlüssel umdreht

Schnitt

Aufblende: Portraitaufnahme von Ingrid Matthäus im Auto

Sprecher aus dem Off: Frauen haben in der F.D.P. mehr Einfluß.

Einblendung unten: Eine Liberale

Mehr, als in anderen Parteien.

Schnitt

Aufblende: Portraitaufnahme von Lieselotte Funcke

Einblendung unten: Eine Liberale

Sprecher aus dem Off: Ein guter Grund, die Liberalen in der kommenden Regierung zu stärken.

Schnitt

Aufblende: Portraitaufnahme von Dr. Hildegard Hamm-Brücher

Sprecher aus dem Off: Gut für uns alle, denn mehr F.D.P. heißt mehr Freiheit.

Schnitt

Aufblende: Helga Schuchardt im Auto

Sprecher aus dem Off: Mehr Fortschritt, mehr Leistung.

Schnitt

Aufblende: blauer Hintergrund, gelber Schriftzug: F.D.P. die Liberalen

Sprecher aus dem Off: Leistung wählen. F.D.P. , die Liberalen.

Dauer ca. 2 ½Minuten

Zusammenfassung der sprachlichen Untersuchung für den Spot zur Bundestagswahl 1976 a

Technische Gestaltung

Zu Beginn sei erwähnt, daß ich diesen Spot bewußt ausgewählt habe, um zu dokumentieren, wie Wahlwerbung ausschließlich für eine Zielgruppe (in diesem Fall Frauen) aussehen kann. Männer haben auf den ersten Blick nur eine kommentierende Funktion (männlicher Sprecher aus dem Off, Zitat von H.-D. Genscher). Bei der sprachlichen Analyse wird sich jedoch zeigen, daß das Verhältnis so nur oberflächlich besteht.

Gestalterisch fällt auf, daß dieser Spot nicht statisch, sondern bewegt, in manchen Abschnitten fast szenisch konzipiert ist. Die Bilder korrespondieren zwar nicht direkt mit dem Text, aber die implizite Aussage wird visuell unterstützt. Zwei der vier vorgestellten Politikerinnen werden beispielsweise am Steuer eines Autos präsentiert. Diese Szene hat natürlich einen starken Symbolcharakter: Frauen ans Steuer, Frauen als Leitfiguren und Führungskräfte in die Politik.

Bei genauerem Hinsehen wirkt sich dies auf die repräsentierte Themenpalette aus. Es werden ausschließlich innenpolitische Themen vertreten, die alle im weiteren Sinne der Sozialpolitik zuzuordnen sind (eigene Rentenversorgung der Hausfrauen, Jugendarbeitslosigkeit, § 218, Gleichbehandlung beim Einkommen). Natürlich berühren diese Themen auch den wirtschaftspolitischen Bereich, sie werden aber nicht explizit damit in Verbindung gebracht. Vielmehr werden sie als gesellschaftspolitische Themen aufbereitet.

Dies, obwohl Lieselotte Funcke Vorsitzende des Finanzausschusses im Bundestag war, also in einer Position, die auch wirtschaftspolitische Sachkenntnisse erfordert.

Im Vergleich zum Jahr 1969 hat die Schnitthäufigkeit zwar in diesem Spot nicht zugenommen (15 Schnitte), allerdings werden vermehrt technische Mittel eingesetzt. Zum Beispiel das „Einfrieren" der vorgestellten Politikerinnen in Standbildern, Einblendung von Musik und die Vermischung von O-Tönen und Kommentaren aus dem Off. Diese Elemente verleihen dem Spot eine große Dynamik, durch die er sich deutlich von dem Spot aus 1969 unterscheidet.

Sprachliche Gestaltung

Es fällt auf, daß die Statements der Politikerinnen sehr kurz gehalten sind. Auch haben sie wesentlich weniger Sprechzeit als beispielsweise der Sprecher aus dem Off (Sprecher 19 Sätze; Politikerinnen insgesamt 11 Sätze; H.-D. Genscher 2 Sätze). Hinzukommt, daß die Sätze der Politikerinnen meist nur bruchstückhaft wiedergegeben werden.

Einzelne O-Töne fallen dadurch auf, daß sie sehr willkürlich gewählt wirken und unzusammenhängend geschnitten wurden.

I. Matthäus: Alle Frauen, die Interessen der Frauen...

L. Funcke: ...in einer sozialen Ordnung, die dem Einzelnen gleiche Chancen eröffnet.

Besonders bei Ingrid Matthäus merkt man, daß dieser Halbsatz so überhaupt keinen Inhalt bzw. Sinn hat. Allerdings wird dieser O-Ton durch Kommentare des Sprechers aus dem Off umklammert und dient nur einer Verstärkung seiner Aussage. Dennoch ist es interessant, daß nicht die Politikerin selbst ihr Statement klar formulieren kann, sondern eher als „Stichwortgeberin" für den Off-Sprecher genutzt wird.

Der Inhalt des Spots bzw. seine thematische Aussageabsicht wird bereits zu Beginn durch die Einblendung des Zitates von H.-D. Genscher deutlich gemacht: „Gleichberechtigung haben wir, wenn wir nicht mehr darüber reden."

Hier stellt sich die Frage, ob dieser Satz in seiner Wirkungsabsicht vielleicht bewußt so „dehnbar" formuliert wurde. Schließlich kann man Probleme auch „lösen", indem man sie verschweigt.

Interessanterweise wird der Begriff *Gleichberechtigung* im Verlauf des Spots nicht noch einmal aufgegriffen. Auch wird dieses Thema in den Aussagen nur bedingt wiedergegeben. Zwar wird dieser Bezug durch die Kombination aus Statements der Politikerinnen und den Kommentaren des Sprechers immer wieder hergestellt, aber eine explizite Erwähnung findet nicht statt. Vielmehr wird die Bedeutung der Gleichberechtigung relativiert.

Sprecher aus dem Off: Frauen haben in der F.D.P. mehr Einfluß. Mehr, als in anderen Parteien.

Da stellt sich natürlich die Frage, wieviel dieses *Mehr* und mit diesem Bezug das Wort *Gleichberechtigung* bedeutet. Daß Gleichberechtigung – auch in ihrer sprachlichen Ausprägung – zu diesem Zeitpunkt wohl noch kein abgeschlossenes Kapitel ist, wird unter anderem durch die Einblendungen der Berufe von Ingrid Matthäus und Helga Schuchardt deutlich: *Richter* bzw. *Flugzeuginge-nieur* (maskuline Form).

Davon losgelöst, lassen sich die oben zitierten Sätze als *Polarisierungs-Sequenz* bezeichnen, da es vornehmlich um die Darstellung eigener, im Vergleich zu anderen Parteien unterschiedlicher Wertvorstellungen geht. Begleitet wird dies meisten mit einer *Entlarvungs-Sequenz*, die den politischen Gegner diskreditieren soll. In diesem Fall wird das durch den zweiten Satz (*Mehr, als in anderen Parteien*) realisiert.

Anders als 1969 fällt der Mangel von Modalverben auf. Hier stellt sich die Frage, ob dies damit zusammenhängt, daß dieser Spot für eine bestimmte Wählergruppe produziert wurde. Die anschließende Analyse eines zweiten Spots aus dem Jahr 1976 könnte darüber Aufschluß geben, ob es sich um eine Strategie des gesamten Wahlkampfes aus diesem Jahr handelt, oder ausschließlich ein zielgruppenorientiertes Merkmal dieses Spots ist.

Wenn das so sein sollte, muß es nachdenklich stimmen, warum Frauen in einer Partei kaum Willensäußerungen oder Notwendigkeiten formulieren dürfen. Dies in einem Spot, an dessen Anfang die Gleichberechtigung – auch innerhalb der Partei – so explizit betont wird.

Vielmehr sind den Aussagen zu eigen, daß sie redundante Wirkung haben. Das bisher Erreichte ist in aller erster Linie durch *die Liberalen* geschaffen worden und wird auch von ihnen gesichert. Die wenigen Ungleichheiten werden in Zukunft problemlos von der F.D.P. beseitigt.

Neben dem Mangel an Modalverben und damit verbundenen Forderungen für die Zukunft, läßt sich feststellen, daß das politische Vokabular nur sehr sparsam eingesetzt wird. Dies hängt vor allem damit zusammen, daß die Statements kurz und rudimentär wiedergegeben werden, der eigentliche Anteil programmatischer Formulierungen im Vergleich zum Spot aus 1969 deutlich geringer ist.

Fahnenworte

Leistung, Liberale, soziale Ordnung, Fortschritt, Freiheit (im Sinne der Abwesenheit von zuviel staatlicher Regulierung), Schule ohne Angst

Hochwertworte

Vertrauen, gleiche Chancen

Reizworte

Gleichberechtigung, Paragraph 218, Männersache

Stigmaworte

Staat (im Sinne einer Verwaltungsmaschinerie)

Schlagworte

Ausbildungsplätze, Studienplätze, Jugendarbeitslosigkeit

Das Parteienkürzel F.D.P. wird im gesamten Spot nur fünfmal genannt, allerdings durch die jeweiligen Einblendungen ergänzt. Die Bezeichnung *die Liberalen* hat sich durchgesetzt. Hierbei ist es aber interessant, daß der etwas distanziert wirkende bestimmte Artikel *die* (die Liberalen) gebraucht wird. In späteren Spots wird verstärkt das Personalpronomen *wir* (wir Liberalen) eingesetzt, was

56

die Identifikation – auch die Einbindung des Zuschauers – verstärkt. Es sei bemerkt, daß Monika Toman-Banke die Ergänzung die Liberalen als Basislogo bezeichnet, welches sich im Laufe der folgenden Jahre durchsetzt und heute untrennbar mit der Partei verbunden ist.[44]

Wurde bis 1969 die F.D.P. noch mit dem Namen *freie Demokraten* umschrieben, wird sie ab 1976 immer häufiger *die Liberalen* genannt. Möglicherweise ein Ergebnis aus der großen Koalition mit der SPD von 1969. Auf dem Freiburger Parteitag 1971 wurden die sogenannten „Freiburger Thesen" verfaßt, mit denen sich die F.D.P. deutlich von der SPD abgrenzen wollte. Entgegen den „institutionalisierten" Lösungen der SPD von gesellschaftspolitischen Problemen wollte die F.D.P. möglichst wenig „Staat" als Regulativ. Dies wurde eben ausdrücklich in den „Freiburger Thesen" von 1971 festgeschrieben und die neue Linie als „sozialer Liberalismus" bezeichnet.[45] Aus diesem Kurswechsel heraus läßt sich möglicherweise die geänderte Bezeichnung ableiten.

Zudem erfuhr das Wort Liberalismus ganz allgemein Ende der 60er Jahre einen Konnotationswandel. In weiten Teilen der Gesellschaft wurde es bis dahin als Stigmawort aufgefaßt. Seitens der Kirche als Libertinage im Sinne völliger Gottlosigkeit, bei den Konservativen als Gefährdung der Staatsordnung und bei den Gewerkschaften im Sinne des Manchester-Liberalismus, der schlichte Ausbeutung bedeutete.[46] Eine Partei wäre damals schlecht beraten gewesen, sich einen solchen Beinamen zu geben.

Eine direkte Ansprache bzw. eine Wahlaufforderung fehlt. Sie wird jedoch indirekt durch die apodiktische Aussage des Off-Sprechers formuliert.

Sprecher aus dem Off:

Diesmal werden noch mehr Frauen der F.D.P. ihr Vertrauen geben.

[...] Ein guter Grund, die Liberalen in der kommenden Regierung zu stärken.

---

[44] Vgl. dz. M. Toman-Banke, a.a.O., S.259f

[45] Vgl. dz. G. Olzog u. H.J. Liese: „Die politischen Parteien in der Bundesrepublik Deutschland. Geschichte-Programmatik-Organisation-Personen-Finanzen." München 1989, S.101

[46] Vgl. dz. J. Klein „Kann man Begriffe besetzen? Zur linguistischen Differenzierung einer plakativen politischen Metapher." in: F. Liedtke u.a.(Hg.), a.a.O., S.64

Das Verb *stärken* macht die letzte Aussage zu einer *Prolongierungs-Sequenz*, die durch ihren besonders subtilen Charakter auffällt. Die Fortführung der Regierungsbeteiligung wird nur undeutlich, aber fast selbstverständlich formuliert.

5.4 Bundestagswahl 3. Oktober 1976 b

Politischer Hintergrund: sozial – liberale Koalition unter Helmut Schmidt seit 1974

Titel: „Leistung wählen" – 5 Tage bis zur Wahl

Ausstrahlungsort: öffentlich – rechtliche Sender

Aufblende: Gesprächsrunde, Kameraschwenk auf Hans-Dietrich Genscher, im Hintergrund sind leise Gespräche zu hören

Sprecher aus dem Off: Hans-Dietrich Genscher, unser Außenminister

Kameraschwenk nach rechts

Sprecher aus dem Off: Josef Ertl, unser Ernährungsminister

Schwenk nach links

Sprecher aus dem Off: Hans Friderichs, unser Wirtschaftsminister. Und Werner Maihofer, unser Innenminister.

Einblendung unten: Noch 40 Sekunden bis Genscher spricht

Einblendung von Musik

Sprecher aus dem Off: Werner Maihofer – keine Chance dem Terror, jede Chance der Freiheit.

Schwenk nach rechts auf H. Friderichs

Sprecher aus dem Off: Niemand tut mehr für die Vollbeschäftigung, als Hans Friderichs.

Schwenk nach rechts auf H.-D. Genscher

Sprecher aus dem Off: Keinem vertrauen die Deutschen mehr als Hans-Dietrich Genscher.

Schwenk nach rechts auf J. Ertl

Sprecher aus dem Off: Josef Ertl ist der erfolgreichste Ernährungsminister, den wir je hatten.

Einblendung unten: noch 20 Sekunden bis Genscher spricht

Sprecher aus dem Off: Auf diese vier kommt es auch in Zukunft an. Wir brauchen die Liberalen. Wir brauchen die F.D.P. Damit keine Partei allein die ganze Macht hat und die Macht mißbraucht.

Schwenk durch die Gruppe von links nach rechts

Einblendung unten: Noch 5 Sekunden bis Genscher spricht

Sprecher aus dem Off: Damit es aufwärts weitergeht mit Vernunft und Augenmaß.

Schnitt

Aufblende: Portraitaufnahme des Politikers Hans-Dietrich Genscher, die Hintergrundmusik wird ausgeblendet

H.-D. Genscher: Liebe Fernsehzuschauerinnen, liebe Fernsehzuschauer,

Einblendung unten: Hans-Dietrich Genscher

wir Liberalen sind im Aufwind. Überall treffen wir freien Demokraten auf immer mehr Sympathien, auf immer mehr Zustimmung. Am dritten Oktober kommt es nun darauf an, daß Sie uns mit Ihren Stimmen stärker machen. Deshalb bitte ich Sie: Geben Sie überall im Bundesgebiet, in jedem Wahlkreis, auf jeden Fall Ihre Stimme der F.D.P.

Einblendung unten: Die Zweitstimme der F.D.P.

Für Hans Friderichs, den Garanten einer sozialverpflichteten Marktwirtschaft. Für Werner Maihofer, den glaubwürdigen Vertreter unseres freiheitlichen Rechtsstaates. Für Josef Ertl, der für Bauern und Verbraucher handelt. Und für mich, damit ich meine Außenpolitik fortsetzen kann. Für die Sicherung des Friedens und für die Menschen im geteilten Deutschland.

Einblendung von Musik

Überblende von H.-D. Genscher zu W. Maihofer

Sprecher aus dem Off: Die Liberalen. Unser Land braucht sie.

Schnitt

Aufblende: Josef Ertl im Profil

Sprecher aus dem Off: Noch fünf Tage, dann können Sie diese Vier in der Regierung noch stärker machen.

Schnitt

Aufblende: H. Friderichs im Profil

Einblendung unten: Auf jeden Fall die Zweitstimme; wird nicht ausgeblendet

Sprecher aus dem Off: Wer will, daß die Liberalen noch stärker werden, gibt der F.D.P. auf jeden Fall die Zweitstimme.

Überblende auf H.-D. Genscher

Einblendung unten wechselt: der F.D.P. (groß)

Sprecher aus dem Off: Denn mehr F.D.P. heißt: mehr Freiheit, mehr Fortschritt, mehr Leistung

Standbild: H.-D. Genscher

Schnitt

Aufblende: blauer Hintergrund, gelber Schriftzug F.D.P, darunter die Liberalen

Sprecher aus dem Off: Leistung wählen. F.D.P, die Liberalen.

Dauer ca. 2 ½Minuten

Zusammenfassung der sprachlichen Untersuchung für den Spot zur Bundestagswahl 1976 b

Technische Gestaltung

Im Vergleich zu dem vorhergehenden Spot (1976a) fällt die szenische Geschlossenheit des Spots auf. Es findet kein Ortswechsel statt, einziger Hintergrund ist das Konferenzzimmer, in dem die vier Politiker vorgestellt werden und Hans-Dietrich Genscher seine Ansprache hält.

Durch die Bildgestaltung – es werden neben den Schnitten vor allem Kameraschwenks innerhalb der Gesprächsgruppe benutzt – bekommt der Zuschauer das Gefühl, mitten in der Runde zu sein. Die Bildinhalte (Aufnahmen der jeweils sprechenden Person) bleiben neutral und kommentieren nicht das Gesagte. Obwohl doch mehr Bewegung stattfindet als etwa 1969 werden nur 4 Schnitte und eine Überblende benötigt.

Die Musik, die etwa im ersten Drittel des Spots eingespielt wird, dient als Begleitung für den im unteren Bildrand eingeblendeten „Countdown": *Noch 40 Sekunden bis Genscher spricht.* Insgesamt wird dieses spannungssteigernde

Mittel dreimal benutzt. Obwohl die Musik selbst nicht besonders schnell oder dramatisch ist, wirkt sie doch als emotionalisierendes Element. Ergänzend weise ich darauf hin, daß das Spannungselement „Countdown" Teil einer gesamten Kampagne war. Im Wahljahr 1976 gab es insgesamt fünf Spots, von denen drei im Titel jeweils die Dauer bis zur Wahl enthielten (*10 Tage bis zur Wahl, 8 Tage bis zur Wahl, 5 Tage bis zur Wahl*).

Daß in diesem Spot die emotionale Ansprache der Zuschauer ein zentrales Mittel ist, zeigt sich auch in seiner sprachlichen Prägung.

Sprachliche Gestaltung

Bereits der Auftakt des Spots zeigt die konkrete Emotionalisierung der Zuschauer. Sowohl der häufige Gebrauch vom Possessivpronomen *unser* (unser Außenminister, unser Ernährungsminister etc.), als auch der Einsatz von Superlativen, die bisher in den Spots nicht gebraucht wurden, machen deutlich, daß es nicht so sehr um politischer Zielsetzungen geht, sondern um die Darstellung bereits Erreichtem.

Neben der Musik und dem Off-Kommentar fördern die sehr knappen Sätze den Aufbau von Spannung.

Sprecher aus dem Off: Werner Maihofer – keine Chance dem Terror, jede Chance der Freiheit.

Wobei der antithetische Aufbau dieser Aussage zusätzlich polarisiert und die Spannung verstärkt.

Im Vergleich zu 1972 werden wesentlich mehr Possessiv- und Personalpronomen gebraucht. Interessant ist dabei der kurzfristige Wechsel zwischen Pronomen und distanzierten bestimmten Artikeln.

Sprecher aus dem Off: Keinem vertrauen die Deutschen mehr als Hans-Dietrich Genscher.

Zum Vergleich:

Sprecher aus dem Off: Josef Ertl ist der erfolgreichste Ernährungsminister, den wir je hatten.

Ein notwendiges Mittel, um nicht mehr nur die Personen anzusprechen, die sich bereits mit der F.D.P. identifizieren, sondern möglichst alle. Unterstützt wird dies sicherlich durch die Popularität Genschers als Außenminister, die durchaus parteiunabhängig gegeben war.

Auch an anderer Stelle wird das nützliche Instrument der Emotionalisierung eingesetzt:

Sprecher aus dem Off: [...] Damit keine Partei allein die ganze Macht hat und die Macht mißbraucht.

Diese „Drohgebärde" der Alleinherrschaft wird in den Spots immer wieder aufgegriffen, wobei gerade in den 90er Jahren das Feindbild – bedingt durch die historischen Ereignisse – von rechts nach links wechselt.

Allerdings wird diesem Spannungselement sofort eine an die Ratio appellierende Formulierung entgegengesetzt:

Sprecher aus dem Off: Damit es weiter aufwärts geht mit Vernunft und Augenmaß.

Die Begriffe *Augenmaß* und *Vernunft* bilden einen Rückgriff auf das Vokabular aus dem vorhergehenden Wahlkampf 1972.

Die Spannung wird bis zu diesem Moment gesteigert, durch den Kommentar des Sprechers zurückgeführt, auf den dann der eigentliche Höhepunkt des Spots, die Ansprache von Hans-Dietrich Genscher, folgt.

Auffällig an Genschers Ansprache ist gleich zu Beginn die Art der Anrede. Er spricht nicht von Wählern oder Bürgern, sondern von *Fernsehzuschauern*, was seiner Ansprache via Bildschirm ein gewisses Maß an Exklusivität verleiht.

In seiner Rede schlägt er eine Brücke zwischen dem neuen Kurs der F.D.P. (sozialer Liberalismus) und den älteren Traditionen der Partei. Gleich zu Beginn benutzt er die neue Bezeichnung *wir Liberalen* für die F.D.P. Im folgenden Satz greift er auf die ältere Benennung *wir freien Demokraten* zurück. Damit bezieht er sowohl die potentiellen - möglicherweise auch jüngeren - Neuwähler der F.D.P. als auch die älteren oder traditionellen Wähler ein. Zudem bietet sich dadurch die Möglichkeit, die besonders positiven Eigenschaften der Partei (liberal, frei, demokratisch) zu kombinieren. Unterstützt wird dieses positive Bild zusätzlich durch die Begriffe: *Aufwind, Sympathien, Zustimmung.*

Mit dem Begriff *Zustimmung* gelingt Genscher eine geschickte Überleitung zum folgenden Satz, in welchem er die Zuschauer an ihre politische Verantwortung bei der Wahl erinnert.

H.-D. Genscher: [...] Am dritten Oktober kommt es nun darauf an, daß Sie uns mit Ihren <u>Stimmen</u> stärker machen. Deshalb bitte ich Sie: Geben Sie überall im Bundesgebiet, in jedem Wahlkreis, auf jeden Fall Ihre Stimme der F.D.P.

In diesem Zusammenhang fallen zwei sprachliche Elemente besonders auf. Zum einen *bittet* er die Zuschauer um ihre Stimme, gleichzeitig betont er im selben Satz aber die Notwendig der Stimmabgabe für die F.D.P. durch die Formulierung *auf jeden Fall*. Diese Formulierung wird im Verlauf des Spots durch den Off-Sprecher nochmals aufgegriffen.

Anders als im vorangegangenen Spot aus 1976 gibt er hier ein direkter Wahlaufruf, der durch indirekte ergänzt wird.

Sprecher aus dem Off: Noch fünf Tage, dann können Sie diese Vier in der Regierung noch stärker machen.

Im Gegensatz zum ersten Spot aus dem Jahr 1976 werden mehr Modalverben genutzt. Allerdings auch nicht in dem Maße wie 1969, als die F.D.P. aus der Oppositionsrolle für die Beteiligung an der Regierung warb. Dies unterstützt die These von A. Tillmann, daß solche Formulierungen in erster Linie von Oppositionsparteien, im Zusammenhang mit *Entlarvungs-Sequenzen*, gebraucht werden. Die These, daß der Mangel an Modalsätzen im vorangegangen Spot aus 1976 etwas mit seiner Zielgruppe zu tun haben könnte, läßt sich nicht verifizieren. Es scheint vielmehr der Konzeption der gesamten Kampagne zu entsprechen.

Allerdings geht es in diesen Modalsätzen nicht mehr um politische Forderungen, sondern vielmehr um den Erhalt der Partei in der Regierung.

Sprecher aus dem Off: [...] Wir <u>brauchen</u> die Liberalen. Wir <u>brauchen</u> die F.D.P.

Zur Textstruktur sei gesagt, daß sich in diesem Spot ausschließlich *Profilierungs-* und *Prolongierungs-Sequenzen* finden. Auf eine Diskreditierung oder Entlarvung des politischen Gegners wird vollständig verzichtet.

Insgesamt läßt sich eine Abnahme der Textdichte, und damit verbunden eine Reduktion programmatischer Verlautbarungen erkennen. Technische Elemente wie Kameraschwenks und Überblenden füllen zunehmend die Zeit. Dadurch sinkt auch der Anteil am politischen Vokabular.

Fahnenworte

Freiheit, Leistung, Fortschritt, sozialverpflichtete Marktwirtschaft, freiheitlicher Rechtsstaat, Liberale, Demokraten

Stigmaworte

Terror, Macht

Schlagworte

Vollbeschäftigung

Reizworte

geteiltes Deutschland

Hochwertworte

Sicherung des Friedens

Abschließend sei noch bemerkt, daß die bereits erwähnte Aufteilung der Themen nach Geschlechtern durch diesen Spot bestätigt wird. In der Gruppe der Parteirepräsentanten, die ausschließlich männlich besetzt ist, wird kein wirklich sozialpolitisches Thema angesprochen, auch wenn der Begriff der Marktwirtschaft durch das Attribut *sozialverpflichtet* in dieser Hinsicht konnotiert wird.

Zudem macht es sich bemerkbar, daß – anders als 1969 – die politischen Forderungen und Statements immer mehr an konkretem Inhalt verlieren und der Selbstdarstellung der Partei weichen. Da die F.D.P. bis 1998 nicht mehr als Oppositionspartei werben mußte, läßt sich nicht mit Bestimmtheit sagen, ob dies mit ihrer politischen Rolle, oder ganz generell mit der Entwicklung der Wahlwerbung zusammenhängt.

5.5 Bundestagswahl 5. Oktober 1980

Politischer Hintergrund: sozial – liberale Koalition unter H. Schmidt

Ausstrahlungsort: öffentlich – rechtliche Sender

Titel: Diesmal geht's ums Ganze

Aufblende: Taxifahrer an sein Auto gelehnt

Einblendung unten: Die F.D.P. zur Friedens – und Entspannungspolitik

Taxifahrer: Was ick von unserer Außenpolitik halte? Gut find ick die.

Schnitt

Aufblende: Fahrer an einer Ampel, aus dem Fenster heraus

Fahrer: Ich weiß nur eins, für mich ist das Reisen in die DDR einfacher geworden.

Schnitt

Aufblende: Älterer Herr vor einem Kiosk

Älterer Herr: Wir müssen mit die Russen reden. Da hän de Schmidt und de Genscher janz recht.

Schnitt

Aufblende: Junge Frau auf der Straße

Junge Frau: Ich komme aus Polen, und daß ich hier bin, verdanke ich nicht der CDU, sondern der F.D.P. und der SPD.

Schnitt

Aufblende: Junger Mann am Flughafen

Junger Mann: Ich halte nichts von Leuten, die Aufrüstungspolitik machen statt Außenpolitik.

Schnitt

Aufblende: Ältere Dame in einer Grünanlage

Ältere Dame: Europa? Das wollen sie doch alle. Nur die Genscher-Leute wollen das, glaube ich, ein bißchen mehr.

Schnitt

Aufblende: Junger Mann vor einer U-Bahnstation, auf dem Schild im Hintergrund ist „Universität" zu lesen

Junger Mann: Was die Einstellung zur Dritten Welt angeht, sind mir die von der F.D.P. am liebsten. Denn die wissen, daß man da noch mehr tun muß.

Schnitt

Aufblende: Junge Frau in Latzhosen

Junge Frau: Erst wollte ich ja grün wählen, damit keine Atomkraftwerke mehr gebaut werden. Aber jetzt wähle ich doch lieber die Sozial – Liberalen, damit's nicht doch noch zum ganz großen Knall kommt.

Schnitt

Aufblende: H.-D. Genscher am Schreibtisch vor einer Bücherwand

H.-D. Genscher: Unser Volk will in Frieden leben mit allen Völkern. Wir Deutschen haben unsere geschichtliche Lektion gelernt. Ohne Frieden geht nichts. Deshalb müssen wir alles versuchen, um die Spannungen zwischen West und Ost abzubauen, um den Zusammenschluß des demokratischen Europa zu einer politischen Einheit zu erreichen. Deshalb brauchen wir ein leistungsfähiges Verteidigungsbündnis, das unsere Sicherheit garantiert. Und deshalb meinen wir es ernst mit der Hilfe für die Dritte Welt bei ihrem Kampf gegen Hunger und Elend. Diese Politik dient dem Frieden in der Welt. Sie dient den Interessen der Deutschen, die gezwungen sind, in zwei Staaten zu leben. Diese Politik wollen wir fortsetzen.

Schnitt

Aufblende: O. G. Lambsdorff bei einer Fabrikbesichtigung

Sprecher aus dem Off: Nur wer am 5. Oktober der F.D.P. seine Stimme gibt,

Einblendung unten. Otto Graf Lambsdorff Bundesminister für Wirtschaft

kann sicher sein, daß ein Mann wie Otto Graf Lambsdorff auch weiterhin für eine konsequente Marktwirtschaft und eine leistungsgerechte Steuerpolitik eintreten kann.

Schnitt

Aufblende: Josef Ertl in einer Großmetzgerei beim Verkosten von Wurstwaren

Sprecher aus dem Off: Daß ein Mann wie Josef Ertl

66

Einblendung unten: Josef Ertl Bundesminister für Ernährung, Landwirtschaft und Forsten

weiter dafür sorgt, daß die Leistungskraft unserer Landwirtschaft nicht geschwächt wird und der gemeinsame Agrarmarkt finanzierbar bleibt.

Schnitt

Aufblende: Wolfgang Mischnick im Gespräch mit einer Frau (vermutlich in einer Fußgängerzone)

Sprecher aus dem Off: Daß ein Mann wie Wolfgang Mischnick als zuverlässiger Motor liberaler Politik

Einblendung unten: Wolfgang Mischnick Vorsitzender der Bundestagsfraktion der F.D.P.

weiterwirken kann.

Schnitt

Aufblende: Gerhart R. Baum im Gespräch mit zwei jungen Männern in einer Grünanlage

Sprecher aus dem Off: Und daß Freiheit und Bürgerrechte in unserem Land auch in den nächsten Jahren garantiert werden,

Einblendung unten: Gerhart R. Baum Bundesminister des Inneren

durch einen Mann wie Gerhart Baum, der bei der Verteidigung unseres Rechtsstaates und unserer Umwelt keine Kompromisse kennt.

Schnitt

Aufblende: H.-D. Genscher am Schreibtisch vor einer Bücherwand

H.-D. Genscher: Die sozial – liberale Regierung hat uns in schwieriger Zeit den äußeren und inneren Frieden bewahrt, die wirtschaftliche, soziale und politische Stabilität gesichert. Das soll auch in Zukunft so bleiben. Sie entscheiden darüber mit Ihrer Stimme am 5. Oktober für die F.D.P.

Schnitt

Aufblende: Portrait H.-D. Genschers im rechten Bildrand (möglicherweise identisch mit dem Wahlplakat), links oben in gelb – blauer Schrift „Diesmal geht's ums Ganze". Während ein Sprecher aus dem Off die folgenden Statements vorliest, werden sie in der linken Bildhälfte untereinander eingeblendet.

Sprecher aus dem Off: Für die Regierung Schmidt/Genscher, gegen die Alleinherrschaft einer Partei, gegen Strauß. Diesmal F.D.P. die Liberalen.

Dauer ca. 2 ½Minuten

Zusammenfassung der sprachlichen Untersuchung für den Spot zur Bundestagswahl 1980

Technische Gestaltung

Zum ersten Mal kommen bei den Spots der F.D.P. nicht nur Politiker zu Wort, sondern auch die „Bürger auf der Straße". Es handelt sich dabei um ein sogenanntes *Vox-Populi-Interview*[47], in welchem sich unbekannte Personen auf Veranlassung hin äußern. Die Konzeption des Spots bildet ein Wechselspiel zwischen Außenaufnahmen, in denen die Bürger zu Wort kommen, und einer klassischen „Ansprache-Sequenz" am Schreibtisch, von wo aus H.-D. Genscher sich direkt an die Zuschauer wenden.

Durch insgesamt 14 Schnitte und dem Wechsel von Außen- und Innenaufnahmen wirkt der Spot sehr dynamisch, ohne daß die Bilder die verbalen Aussagen überdecken.

Mit den Außenaufnahmen versucht die Partei mehr Bürgernähe und Sympathie in der Bevölkerung zu demonstrieren. Aber die Szenen lassen sich eindeutig als gestellt erkennen – keine paralinguistischen Variablen[48] wie Versprecher oder Stotterer, keine klassischen Affektvokale oder Sprechpausen und in Einzelfällen der Blick vorbei an der Kamera zum Regisseur. Zudem sind die Statements meistens sehr pointiert formuliert, so daß ihre Authentizität und Spontanität trotz der teilweise dialektal gefärbten Sprechweise angezweifelt werden darf.

Stärker als jemals zuvor ist eine Personalisierung spürbar, die auch sprachlich dadurch auffällt, daß die F.D.P. in einem Spot als „die Genscher-Leute" bezeichnet wird. Dies hängt sicher damit zusammen, daß er in der Bevölkerung, unabhängig von eigentlicher Parteipräferenz, große Sympathien besaß. Auch

---

[47] Vgl. dz. M. Wachtel „Die Darstellung von Vertrauenswürdigkeit in Wahlwerbespots. Eine argumentationsanalytische und semiotische Untersuchung zum Bundestagswahlkampf 1987." Tübingen 1988, S.80ff

[48] Vgl. dz. K. Mertens: Django und Jesus. Verbal-nonverbales Verhalten der Kanzlerkandidaten Kohl und Rau im Bundestagswahlkampf 1987. in: Opp de Hint und E. Latniak, a.a.O., S.188ff

wenn Genscher nicht als Kanzlerkandidat zur Wahl stand, kann man von der Entwicklung zur medialen Präsentation eines Spitzenpolitikers sprechen.[49]

Ein weiterer Hinweis auf eine etwas andere Form von Personalisierung ist die Darstellung politischer Ergebnisse anhand persönlicher Erfahrungen von Menschen im bundesrepublikanischen Alltag. Diese Konzeption bricht mit der bisherigen Strategie, programmatische Aussagen durch bekannte Parteipolitiker zu präsentieren. Ihnen werden jetzt Menschen aus der Bevölkerung zur Seite gestellt, welche quasi die politischen Ansprachen im Spot kommentieren und verstärken. Für den Zuschauer soll so eine breitere Möglichkeit der Identifikation geschaffen werden.

Interessant ist in diesem Zusammenhang die Einblendung zu Beginn der Statements:

„Die F.D.P. zur Friedens – und Entspannungspolitik"

Hier stellt sich die Frage, ob alle Sprecher F.D.P.- Mitglieder sind. Natürlich ist klar, daß damit signalisiert werden soll, daß die Positionen der F.D.P. in der Bevölkerung weite Verbreitung finden. Aber es läßt durchaus auch den Umkehrschluß zu, daß die F.D.P. sich in ihrem politischen Kurs an den Bedürfnissen und Meinungen der Bürger orientiert. Diese Mehrdeutigkeit erscheint mir typisch für die zunehmende inhaltliche Verflachung der Spots, die sich von konkreten politischen Zielen immer weiter zu allgemeinen Aussagen entwickeln.

Sprachliche Gestaltung

Diese Entwicklung zeigt sich sowohl in den Formulierungen der Passanten auf der Straße, als auch in der Ansprache von Hans-Dietrich Genscher.

Zunächst fällt bei den Passanten auf, daß sie auf Fragen antworten, die der Zuschauer nicht hört oder eingeblendet bekommt.

Die Einblendung zu Beginn des Spots stellt jedoch den thematischen Rahmen. Zudem werden in manchen Antworten die Fragen aufgegriffen, so daß es keine Verständnisschwierigkeiten gibt.

---

[49] Dazu sei angemerkt, daß die F.D.P. nie einen Kanzlerkandidaten gestellt hat, wohl aber immer mit dem prestigeträchtigen Amt des Außenministers in den Wahlkampf gehen konnte.

Taxifahrer: Was ick von unserer Außenpolitik halte? Gut find ick die.

Allen Statements ist zu eigen, daß sie sehr kurz und auffallend umgangssprachlich formuliert sind. Auch dialektale Sprachgewohnheiten werden eingesetzt, was möglicherweise eine größere Authentizität vermitteln soll.

Interessant ist ebenfalls, daß die Ergebnisse der Außenpolitik nicht durch konkrete Entscheidungen auf politischer Ebene dargestellt werden, sondern von den Sprechern durch persönliche Erfahrungen indirekt zur Sprache gebracht werden.

Autofahrer: Ich weiß nur eins, für mich ist das Reisen in die DDR einfacher geworden.

Junge Frau: Ich komme aus Polen, und daß ich hier bin, verdanke ich nicht der CDU, sondern der F.D.P. und der SPD.

In obigem Zitat wird der Koalitionspartner namentlich erwähnt. Im Folgenden des Spots entwickelt sich dies sogar zu einer konkreten Koalitionsaussage für die kommende Legislaturperiode.

Hier findet ein deutlicher Wandel in der Konzeption der Spots statt. Waren bisher inhaltliche politische Zusammenhänge ausreichend, um den weiteren Verlauf der eigenen Politik – und damit verbunden auch die Wahl des Koalitionspartners – für den Zuschauer darzustellen, werden die Spots in dieser Hinsicht konkreter. Allerdings wird Gegenzug dafür auf eindeutige programmatische Aussagen (wie bsp. 1969) völlig verzichtet. Vielmehr werden die bereits erreichten Ziele als Argumente für eine erneute Wahl präsentiert.

Dazu gilt es zu berücksichtigen, daß die F.D.P. gemeinsam mit der SPD seit 1969 die Regierung bildete. Eine Notwenigkeit, neue politische Konzepte im Wahlkampf zu präsentieren bestand also nicht unbedingt. Man konnte sich auf Altbewährtes verlassen.

Dies spiegelt sich auch in der Textstruktur des gesamten Spots wider. Die Statements der Passanten sind fast ausschließlich *Profilierungs-Sequenzen*. Kritik an anderen Parteien im Sinne von *Diskriminierungs-Sequenzen* werden recht sparsam eingesetzt.

Junge Frau: Ich komme aus Polen, und daß ich hier bin, verdanke ich nicht der CDU, sondern der F.D.P. und der SPD.

70

Junger Mann: Ich halte nichts von Leuten, die Aufrüstungspolitik machen statt Außenpolitik.

Das Statement ist deshalb recht interessant, weil es durch seinen optischen Hintergrund (Flughafenhalle) zusätzlich eine Botschaft der Weltoffenheit, und damit implizit verbunden, der liberalen Haltung dieses Passanten vermittelt.

In dieser Aussage steckt allerdings zusätzlich eine Diskreditierung besonderer Art. Für diejenigen, die sich noch an die Spiegelaffäre 1963 erinnern konnten, wurde die „Bedrohung" durch einen Mann wie Strauß, der als Verteidigungsminister bereits einmal gezeigt hatte, was er von demokratischen Strukturen hält, sehr real. Verstärkt wird diese doppeldeutige Warnung durch die Schlußsequenz des Spots:

Sprecher aus dem Off: Für die Regierung Schmidt/Genscher, gegen die Alleinherrschaft einer Partei, gegen Strauß. Diesmal F.D.P. , die Liberalen.

Es ist die bisher schärfste Form von Diskreditierung, die in den Spots seit 1969 zu beobachten ist. Hier werden Emotionen der Zuschauer angesprochen. Die Alleinherrschaft als implizite Erinnerung an die antidemokratische Vergangenheit Deutschlands, festgemacht an einer Person, vor der die F.D.P. durch ihre Regierungsbeteiligung Sicherheit bieten will. Ergänzend folgt eine Wiederholung der bereits mehrfach genannten Koalitionsausage.

Die *Prolongierungs-Sequenzen* werden ausschließlich durch den Off-Sprecher und H.-D. Genscher präsentiert, wobei sie knapp die Hälfte der Statements ausmachen.

Durch die allgemeingültigen und allumfassenden Aussagen richtet sich die F.D.P. nicht an einen bestimmten Wählerkreis, sondern bedient möglichst viele Interessengruppen. Verstärkt wird dies noch durch die Gestaltung des Spots. Die Passanten, die zu Beginn ihre kurzen Statements abgeben, bilden einen Durchschnitt der gesellschaftlichen Schichten. So treten Rentner auf, genauso wie Berufstätige und Studenten (assoziiert durch das U – Bahnschild „Universität" im Hintergrund). Soziale Randgruppen wie Arbeitslose oder Behinderte werden allerdings nicht berücksichtigt. Dies mag durchaus beabsichtigt sein, ist die F.D.P. doch an einer bestimmten Klientel interessiert, für die eigene Leistung ohne zuviel (staatliche) Hilfe nicht nur ein Grundsatz, sondern auch durchführbar ist.

Eine umfassende Selbstcharakterisierung erfolgt auch durch das politische Vokabular. Es tauchen auffälligerweise einige Begriffe auf, die nichts mehr mit dem angekündigten Thema der Friedens- und Entspannungspolitik zu tun haben.

Reizworte

DDR, Russen, Atomkraftwerke

Fahnenworte

Außenpolitik, Europa, konsequente Marktwirtschaft, Leistungskraft, liberale Politik, Freiheit, Bürgerrechte, Rechtsstaat, Umwelt

Stigmaworte

Aufrüstungspolitik, Alleinherrschaft

Schlagworte

Friedens- und Entspannungspolitik, Dritte Welt. leistungsgerechte Steuerpolitik, leistungsfähiges Verteidigungsbündnis, wirtschaftliche, soziale und politische Stabilität

Hochwertworte

Frieden, Sicherheit

Einzelne Begriffe dieser Auflistung lassen sich durchaus gleichzeitig in verschiedene Kategorien einordnen. Selbst das Hochwertwort *Frieden* liegt inzwischen hart an der Grenze zum Fahnenwort, vielleicht sogar zum Schlagwort.

In Genschers Ansprache wird es insgesamt viermal eingesetzt. Interessant ist dabei, daß dieser Frieden scheinbar nur mit kämpferischen Mitteln erreicht werden kann. So wird zum Beispiel von einem *leistungsfähigen Verteidigungsbündnis* als friedenssicherndem Element gesprochen. Auch der Rechtsstaat und die Umwelt können nur durch eine Verteidigung erhalten werden, die *keine Kompromisse* kennt.[50] Hunger und Elend müssen durch einen *Kampf* besiegt werden.

---

[50] Natürlich muß man sich die innenpolitischen Umstände (Hochzeit des Terrorismus) vor Augen halten, aber dennoch wird sprachlich das getan, was man dem politischen Gegner vorwirft: Aufrüstung.

Zudem bleiben die Substantive nicht allein, sondern werden vielfach von verstärkenden Attributen begleitet. Ganz besonders auffällig ist dies bei der *wirtschaftlichen, sozialen und politischen Stabilität*. In einem Satz werden alle zentralen politischen Themen zusammengefügt und zu einer positiven Selbstdarstellung der F.D.P. eingesetzt.

Entgegen der Überlegung, daß eine seit langem amtierende Regierungspartei nur noch wenige Forderungen zu stellen brauche, finden sich in diesem Spot vergleichsweise viele Modalsätze und damit verbunden zukünftige Ziele der Partei. Dies mag damit zusammenhängen, daß 1980 neben der F.D.P. eine weitere kleine Partei am Bundestagswahlkampf teilnahm – die GRÜNEN. Hieraus könnte sich für die F.D.P. die Notwendigkeit ergeben haben, neue Themen (Umweltschutz, Entwicklungspolitik) aufzunehmen, was wiederum die neuerliche Häufigkeit von Modalverben erklären könnte.

Dies entspricht auch der Vorstellung, daß man Themen und Begriffe im politischen Konkurrenzkampf besetzen muß, um dem Gegner wenig Spielraum zu lassen.

Abschließend sei erwähnt, daß der Titel des Spots „Diesmal geht's ums Ganze", welcher in der letzten Aufblende als Abbild des Wahlplakats zu sehen ist, weder in den Statements, noch durch den Off-Sprecher aufgegriffen wird. Dennoch ist er nicht uninteressant, entspricht er doch einem Slogan der CDU aus dem Jahr 1957:

„Es geht ums Ganze."

5.6 Bundestagswahl 6. März 1983

Politischer Hintergrund: vorgezogene Bundestagswahlen, Koalition mit der CDU/CSU und F.D.P. unter Helmut Kohl seit 1982

Titel: „Freiheit braucht Mut" – Zweitstimme

Ausstrahlungsort: öffentlich-rechtliche Sender

Aufblende: Gruppe von Leuten steht mit dem Rücken zur Kamera im Halbkreis zusammen

Sprecher aus dem Off: Diese Wahl ist mit keiner anderen zu vergleichen. Viele wählen diesmal deshalb nicht das, was sie immer gewählt haben, sondern das, was heute das Vernünftigste ist.

*Gruppe geht auseinander. Man erkennt, daß sie eine Wahlbroschüre der F.D.P. in Händen
halten. Am Revers tragen sie einen F.D.P.-Sticker, auf den die Kamera zoomt.*

Sprecherin aus dem Off: Was wählen Sie am 6. März mit Ihrer Zweitstimme?

Schnitt

Aufblende: Junge Frau in einer Fußgängerzone

Einblende: Karen Alfeldt P.T.A.

Alfeldt: Ich wähle mit der Zweitstimme die F.D.P, weil keiner für die predigt
oder schreit.

Schnitt

Aufblende: Mann vor einer nächtlichen Landschaft

Einblende: Dirk Schneider Landwirt

Schneider: Ich wähle mit der Zweitstimme die F.D.P, weil die für die Natur
mehr tut, wie die Grünen für Arbeitsplätze.

Schnitt

Aufblende: Mann auf offener Straße, im Hintergrund Fußgänger.

Einblende: Klaus-Dieter Kemma Rechtsanwalt

Kemma: Ich wähle mit der Zweitstimme die F.D.P, weil das die einzige Garantie für die soziale Marktwirtschaft ist.

Schnitt

Aufblende: Mann im blauen Arbeitskittel, im Hintergrund sind Bürogebäude zu erkennen.

Einblende: Norbert Schauer Lagerarbeiter

Schauer: Ich wähle mit der Zweitstimme die F.D.P, weil denen das Überleben
der Kleinen wichtiger ist als die Übermacht der Großen.

Schnitt

Aufblende: junge Frau im Büro, am Schreibtisch sitzend.

Einblende: Andrea Müller Telefonistin

Müller: Ich wähle mit der Zweitstimme die F.D.P, weil es mit den Liberalen
kein Zurück beim Paragraphen 218 gibt.

Schnitt

Aufblende: älterer Herr im weißen Kittel aus einer Tür kommend

Einblende: Ernst Schumacher Heilpraktiker

Schumacher: Ich wähle mit meiner Zweitstimme F.D.P, damit es keine absolute Mehrheit gibt.

Schnitt

Aufblende: junger Mann im Büro, am Schreitisch

Einblende: Christof Walter Industriekaufmann

Walter: Ich wähle mit meiner Zweitstimme F.D.P, weil die heute keine Schulden machen, die wir Jungen morgen bezahlen müssen.

Schnitt

Aufblende: älterer Herr vor einem Backsteingebäude

Einblende: Helmut Maier Filmtechniker

Maier: Ich bin CSU- Wähler. Diesmal gebe ich meine Zweitstimme der F.D.P, weil es die Union allein nicht schafft. *[leichter, aber erkennbarer bayrischer Akzent]*

Schnitt

Aufblende: junge Frau auf einem Parkplatz

Einblende: Beate Volk Studentin

Volk: Ich wähle diesmal mit meiner Zweitstimme F.D.P, obwohl ich das noch nie getan habe.

Schnitt

Aufblende: junger Mann in freier Landschaft

Einblende: Karl-Heinz Wessel Kunststofftechniker

Wessel: Ich wähle mit der Zweitstimme F.D.P, weil mir Genscher als Außenminister lieber ist als Strauß.

Schnitt

Aufblende: H.-D. Genscher am Schreibtisch, im Hintergrund ein Bild von Theodor Heuss

Einblende: Hans-Dietrich Genscher

H.-D. Genscher: Liebe Mitbürgerinnen und liebe Mitbürger, Sie treffen am 6. März eine wichtige Entscheidung. Eine Entscheidung, die bestimmend sein wird für die Zukunft unseres Landes. Mit Ihrer Stimme für die Freie Demokratische

Partei, bekräftigen Sie die Grundentscheidung für die soziale Marktwirtschaft und gegen den bürokratischen Sozialismus. Mit Ihrer Stimme für die Freie Demokratische Partei unterstützen Sie die Fortsetzung unserer realistischen Friedenspolitik als Teil des Westens. Unser Land darf nicht zum Wanderer zwischen den Welten werden. Das Rad der Geschichte darf nicht zurückgedreht werden.

Zoom auf Genscher

Mit Ihrer Stimme für die F.D.P. stärken Sie den freiheitlichen Rechtsstaat. Stimmen Sie für mehr Bürgerrechte, gegen Bevormundung und gegen Gängelei. Wir wollen die Koalition der Mitte fortsetzen mit einer starken liberalen Partei in dieser Koalition der Mitte. Gehen Sie auf Nummer Sicher, entscheiden Sie sich für die F.D.P. Geben sie die entscheidende Zweitstimme für die Freien Demokraten.

Schnitt

Aufblende: im oberen Bildrand gelbe Schrift auf blauem Hintergrund „Freiheit braucht Mut.", darunter blaue Schrift auf gelbem Hintergrund „Deutschland braucht die F.D.P. die Liberalen."

Sprecher aus dem Off: Deutschland braucht die F.D.P.

Sprecherin aus dem Off: Die F.D.P. braucht Ihre Zweitstimme.

Dauer ca. 2 ½Minuten

Zusammenfassung der sprachlichen Untersuchung für den Spot zur Bundestagswahl 1983

Technische Gestaltung

Wie im vorangegangenen Spot aus dem Jahr 1980 wird auch hier wieder das Konzept des *Vox-Populi-Interviews* genutzt. Die Äußerungen sind nicht willkürlich, sondern durch die vorab gestellte Frage einer Sprecherin aus dem Off ganz klar vorgegeben (*Was wählen Sie am 6. März mit Ihrer Zweitstimme?*)[51].

---

[51] Es sei noch kurz angemerkt, daß dies der erste Spot der F.D.P. ist, in dem auch eine weibliche Stimme aus dem Off zu hören ist.

Diese Fragestellung richtet sich allerdings nicht nur an die Passanten, sondern läßt sich durchaus auch als Appell an den Zuschauer verstehen.

Die Bildgestaltung des Spots ist sehr einheitlich und konkret. Die Personen, die sprechen werden auch optisch präsentiert, womit eine Ablenkung durch unterschiedliche oder gar widersprüchliche visuelle und akustische Reize vermieden wird. Insgesamt ist der Spot in seiner Konzeption einheitlich, die Schnitte und Bilder sind klar und transportieren keine zusätzlichen nonverbalen Inhalte.

Die agierenden Passanten bilden interessanterweise eine sehr homogene Gruppe. Im Gegensatz zum Spot aus 1980 fehlen beispielsweise Rentner. Bis auf eine Studentin sind alle Personen Erwerbstätige; dies wird durch die Einblendung des jeweiligen Berufes deutlich gemacht. Man könnte im Prinzip schon hier eine bestimmte Klientel der F.D.P. ausmachen, die sich ja heute selbst durchaus als Partei der „Leistungsträger" (mit ausdrücklicher Betonung des „Steuerzahlers") darstellt.

Sprachliche Gestaltung

Gleich zu Beginn des Spots wird mit dem Mittel der Emotionalisierung gearbeitet. Zum einen wird die Besonderheit der Situation angesprochen (vorgezogenen Bundestagswahl), wenn auch nicht wörtlich. Zum anderen wird die Hypothese ins Spiel gebracht, daß diesmal viele Wähler nicht das wählen, „was sie immer gewählt haben, sondern das, was heute das Vernünftigste ist." Dieses Scheinargument der rationellen Entscheidung darf inzwischen als „Standard" in den Spots der F.D.P. bewertet werden.

Direkt im Anschluß folgen insgesamt zehn Statements, vertreten von Passanten, die dem Zuschauer plausibel machen sollen, warum gerade bei dieser Wahl die F.D.P. das Vernünftigste sei.

Ähnlich wie im Spot aus 1980 fällt auf, daß es sich nicht um spontane Äußerungen handeln kann. Allein der phrasenhafte Beginn der Kausalsätze, der nahezu immer gleiche Aufbau eines jeden Statements und die sprachliche Sicherheit der Passanten lassen diesen Schluß zu.

Der Auftakt eines jeden Statements ist bestimmt durch das rhetorische Mittel der Wiederholung: *Ich wähle mit meiner Zweitstimme F.D.P., weil ...*

Durch das ständige Wiederholen entwickelt dieser Satzanfang fast schon hyp-
notische Kraft.

Besondere Aufmerksamkeit verdient dabei der Begriff *Zweitstimme*, der zwar in
fast allen Spots der F.D.P. auftaucht, aber hier durch seine Massivität nicht mehr
zu ignorieren ist. *Zweitstimme* ruft durchaus solche abstrakten Assoziationen wie
Zweitwagen oder Zweitwohnung hervor, also eher Nebensächliches, Zweitran-
giges. Betrachtet man aber die tatsächliche Funktion der Zweitstimme in unserem Wahlsystem, erkennt man schnell, daß die Zweitstimme keine „Nebensäch-
lichkeit" ist, denn durch sie ergibt sich die Gesamtzahl der Parlamentssitze einer
Partei.

Zudem ist die Erststimme an einen konkreten Politiker (Wahlkreisabgeordneten)
gebunden, der natürlich den Wählern eher bekannt sein dürfte (Stichwort
„Ochsentour"). Mit der größeren Anonymität der Landesliste (Zweitstimme)
bestimmt der Wähler eine grundsätzliche politische Linie losgelöst von einer
Person, die ihm möglicherweise das Gefühl stärkerer Unabhängigkeit und politischer Eigenverantwortung vermittelt.

Damit verbunden fällt auf, daß die Passanten zum Teil von „meiner Zweitstimme" sprechen, also das Possessivpronomen gebrauchen. Zum Teil wird aber
auch der bestimmte Artikel (mit der Zweitstimme) eingesetzt. Auch wenn es
sich nur um eine Kleinigkeit handelt, schafft doch der Gebrauch des bestimmten
Artikels eine größere emotionale Distanz, sowohl zur Wahl als auch zur Partei
selbst. Allerdings muß man bedenken, daß das Possessivpronomen eine stärkere
persönliche Eigenverantwortung im politischen Handeln impliziert.

Ob mit dem Wechsel zwischen Artikel und Pronomen eine „werbetechnische"
Absicht verbunden ist, läßt sich nur vermuten. Möglicherweise soll damit Wählern, die normalerweise andere Parteien wählen, die Entscheidung für die F.D.P.
erleichtert werden Allerdings bleibt fraglich, ob diese geringfügige sprachliche
Varianz beim bloßen Hören bzw. Sehen des Spots überhaupt auffällt.

Wie wichtig der F.D.P. das verantwortungsvolle politische Handeln des Bürgers
zu sein scheint, zeigt sich in einem der zehn Statements besonders deutlich:

Maier: Ich bin CSU – Wähler. Diesmal gebe ich meine Zweitstimme der F.D.P,
weil es die Union allein nicht schafft.

Zunächst fällt auf, daß der Passant mit einem leichten bayrischen Akzent spricht, es wird also ein Klischee des Fernsehzuschauers bedient – der typische CSU – Wähler stammt aus Bayern. Auch der Satzbau unterscheidet sich von den anderen Statements dadurch, daß dem Kausalsatz ein Aussagesatz vorangestellt.

Des weiteren steckt in dieser Äußerung eine Koalitionsaussage, da die F.D.P. als Garant für einen Wahlsieg der CDU dargestellt wird. Die Wahl wird mehr und mehr zu einem Rechenexempel, inhaltliche Übereinstimmung des Wählers mit dem Parteiprogramm scheint nicht mehr nötig.

Weiter ist bemerkenswert, daß in diesem Statement die Hypothese des Sprechers aus dem Off zu Beginn des Spots bestätigt wird (*Viele wählen diesmal deshalb nicht, was sie immer gewählt haben, sondern das, was am Vernünftigsten ist*). Durch diesen Rückgriff wird die Besonderheit dieser Wahl verstärkt. Zusätzlich demonstriert man damit, daß man anderen Parteien durch sein politisches Angebot „Stammwähler" entziehen kann.

Auch hier erscheint mir der Gebrauch des Begriffs *Zweitstimme* wieder in der von mir beschriebenen Weise gedacht zu sein. Die Bedeutung für die Parlamentsgestaltung, bzw. die Regierungsbildung wird nicht offensichtlich, da der Wähler der F.D.P. „nur" seine Zweitstimme gibt.

Eine weitere Auffälligkeit der Statements ist der Mangel an Begriffen, die dem politischen Fachjargon entnommen sind. Zum Beispiel wird von der *Natur* gesprochen, gemeint ist aber die politische Dimension (Umweltpolitik).

Schneider: Ich wähle mit der Zweitstimme die F.D.P., weil die für die Natur mehr tut, als die Grünen für Arbeitsplätze.

Dieses Statement läßt sich als *Diskriminierungs-Sequenz* klassifizieren. Damit wird der Mangel an wirtschaftspolitischer Kompetenz bei den GRÜNEN herausgestellt, gleichzeitig das umweltpolitische Engagement der F.D.P. betont, also die scheinbar weitreichenden und umfassenden programmatischen Inhalte der Partei. Der Begriff *Natur* wirkt dabei ein wenig naiv, vielleicht sogar romantisierend. Unter Umständen soll damit eine Gewichtung erfolgen, die zu Gunsten der Arbeitsplätze ausfällt.

Bezüglich der Textstruktur bleibt festzuhalten, daß zum ersten Mal seit 1976 wieder eine *Polarisierungs-Sequenz* Eingang in den Spot findet:

Müller: [...] weil es mit den Liberalen kein Zurück beim Paragraphen 218 gibt.

Möglicherweise Ergebnis der gescheiterten sozial-liberalen Regierung und der Umorientierung zu einem neuen Koalitionspartner, obwohl abzusehen war, daß es mit der CDU/CSU in diesem Punkt wenig Gemeinsames geben würde.

Auffällig ist in diesem Zusammenhang, daß sich trotz der geänderten Regierung *Prolongierungs-Sequenzen* finden lassen. Indiz dafür, daß die F.D.P. nicht bereit war, der SPD auf die Oppositionsbank zu folgen.

Ansonsten werden in den Statements die vertrauten *Profilierungs-* und *Diskriminierungs-Sequenzen* verwendet.

Beispielsweise wird die Drohung vor der Alleinherrschaft einer Partei aus dem Jahr 1980 wieder aufgegriffen.

Schumacher: [...] damit es keine absolute Mehrheit gib.

Sprachlich damit zusammenhängend fällt die Negation einzelner Sachverhalte oder Begriffe im Sinne einer Litotes auf, welche die Aussagen verstärkt.

Walter: [...] weil die heute keine Schulden machen [...]

Maier: [...] weil es die Union allein nicht schafft.

Müller: [...] weil es mit den Liberalen kein Zurück beim Paragraphen 218 gibt.

Im folgenden Zitat hat die Negation fast schon entschuldigenden Charakter.

Volk: [...] obwohl ich das noch nie getan habe.

Dieses Statement fällt nicht nur durch die Negation auf, sondern besonders durch ihre Inhaltslosigkeit. Die Tatsache allein, daß man die F.D.P. noch nie gewählt hat, kann nicht als Argument für eine Wahlentscheidung überzeugen.

Ganz besondere Aufmerksamkeit verdient allerdings ein Statement, daß zunächst durch seine Kürze auffällt.

Alfeldt: Ich wähle mit meiner Zweitstimme die F.D.P., weil keiner für die predigt oder schreit.

Hier wird zum ersten Mal, wenn auch sehr diffus formuliert, der Wahlkampf selbst zum Thema gemacht.

Die beiden bildhaften Verben referieren dabei - überspitzt interpretiert – auf die politischen Gegner aus dem sozialdemokratischen Lager und denen in der CSU, da man der bayrischen Partei eine enge Verbindung mit dem Klerus nachsagt. Möglicherweise bezieht sich diese Aussage unter anderem darauf, daß Künstler oder andere Prominente für Parteien Wahlwerbung betrieben haben[52].

Den Höhepunkt des Spots bildet wie so oft die Ansprache von H.-D. Genscher. Als erstes fällt auf, daß er nicht wie 1976 die *Fernsehzuschauer* anspricht, sondern die *Mitbürger*. Vielleicht eine Reaktion darauf, daß das Medium Fernsehen (auch die Wahlwerbung!) selbst immer häufiger Gegenstand kritischer Betrachtung wurde. Zudem wird die Distanzwirkung durch den technischen Apparat beseitigt und durch einen ein Gemeinschaftsgefühl evozierenden Begriff ersetzt. Des weiteren sind die Sätze seiner Ansprache sehr kurz und emotionalisierend formuliert. Wie in den Statements der Passanten, werden auch hier teilweise die Satzanfänge wiederholt.

H.-D. Genscher: Mit Ihrer Stimme [...] (insgesamt dreimal)

Dem Wort *Stimme* und seinen verschiedenen Formen (bestimmend/Partizip, Stimme/Substantiv, stimmen/Verb, Zweitstimme/Kompositum) kommt hier eine besondere Funktion zu. Mittels der ständige Wiederholung entsteht ein beschwörendes Klima, daß durch Metaphern verstärkt wird und die Dringlichkeit der Situation herausstellt.

H.-D. Genscher: Unser Land darf nicht zum Wanderer zwischen den Welten werden. Das Rad der Geschichte darf nicht zurückgedreht werden.

Obwohl bereits in einigen Statements bestimmte Begriffe gebraucht werden, findet sich doch erst in der Ansprache eine Konzentration des politischen Vokabulars. Dabei ist bemerkenswert, daß ein Rückgriff auf die Parteibezeichnung aus den späten 60ern erfolgt (freie Demokraten). Indiz für eine Richtungsände-

---

[52] In diesem Falle würde sich die F.D.P. jedoch selbst diskreditieren, gab es doch im Wahljahr 1983 einen „Rosenmontags-Spot" mit dem Kabarettisten Dieter Hallervorden. Es wird noch zu zeigen sein, ob diese Kritik am Wahlkampf auch in späteren Spots zu entdecken ist.

rung der Parteipolitik.[53] Bestärkt wird dieser Eindruck durch den Gebrauch der Formulierung „Koalition der Mitte", womit die F.D.P. sich selbst deutlich im politischen Spektrum der BRD einordnete.

Stigmaworte

Übermacht der Großen, absolute Mehrheit, bürokratischer Sozialismus, Bevormundung, Gängelei

Fahnenworte

soziale Marktwirtschaft, das Überleben der Kleinen (im Sinne von, mittelständischen Unternehmern), freie Demokraten, realistische Friedenspolitik, freiheitlicher Rechtsstaat, Bürgerrechte

Reizworte

Paragraph 218, Zukunft

Schlagworte

Natur, Arbeitsplätze, das Vernünftigste, Koalition der Mitte, Zweitstimme

Hochwertworte fehlen in diesem Spot völlig. Einzig der Titel des Spots enthält zwei Hochwertworte (*Freiheit, Mut*). Wie in den meisten Fällen wird dieser Titel jedoch im Spot selbst nicht aufgegriffen.

5.7 Bundestagswahl 25. Januar 1987

Titel: „Zukunft durch Leistung"

Politischer Hintergrund: große Koalition aus CDU/CSU und F.D.P. unter Helmut Kohl

Ausstrahlungsort: öffentlich – rechtliche Sender

Aufblende: blauer Schriftzug „F.D.P. die Liberalen" auf gelbem Hintergrund; Musik

Überblende: jubelnde Zuschauer in einem Sportstadion

---

[53] Es muß berücksichtigt werden, daß die sozial-liberale Koalition bereits ein Jahr zuvor gescheitert war. Dies hing nicht zuletzt mit dem rechten Flügel der F.D.P. zusammen (Lambsdorff, Genscher u.a.). Die Krise innerhalb der Partei führte sogar dazu, daß prominente Politiker des linken Flügels zur SPD übertraten (I. Matthäus-Mayer, H. Schuchardt, A. von Schoeler u.a.). Durch die Koalition mit der CDU setzten sich die konservativen Kräfte in der F.D.P. durch.

Sprecher aus dem Off: Wenn es um Sport geht, ist Leistung gefragt und wird entsprechend umjubelt.

Schnitt

Aufblende: Sportler im Labor auf einem Laufband an diverse technische Geräte angeschlossen

Sprecher aus dem Off: Jede neue technologische Möglichkeit wird genutzt,

Schnitt

Aufblende: Radrennfahrer

Sprecher aus dem Off: um schneller erfolgreich zu sein.

Schnitt

Aufblende: Fabrikhalle mit diversen Maschinen

Sprecher aus dem Off: Dies darf nicht nur für den Sport gelten. Es sind die wissenschaftlichen Spitzenleistungen,

Schnitt

Aufblende: Junger Mann im Labor bei einem Versuch

Sprecher aus dem Off: die Kreativität und Leistung unserer Wissenschaftler, Ingenieure und Unternehmen

Schnitt

Aufblende: Bildausschnitt einer Maschine (Roboterarm)

Sprecher aus dem Off: von denen die Zukunft unseres Landes abhängt.

Schnitt

Aufblende. herbstliches Flußufer

Sprecherin aus dem Off: Wir werden unsere Seen, Flüsse und Wälder nur retten, wenn wir sie schonender behandeln

Schnitt

Aufblende: Mann, der Wasserproben aus einem Tümpel im Wald entnimmt

Sprecherin aus dem Off: und die technische Entwicklung nicht zurückdrehen, sondern sie in den Dienst der Umwelt stellen.

Schnitt

Aufblende: Verunreinigter, schlammiger Fluß

Sprecherin aus dem Off: Und diejenigen, die unsere Umwelt mutwillig

Schnitt

Aufblende: drei Männer in einem Boot auf einem schlammigen See

Sprecherin aus dem Off: oder fahrlässig schädigen, müssen hart bestraft werden.

Schwenk auf einen Tanklaster, der am Ufer des Sees steht

Schnitt

Aufblende: Kernkraftwerk, die Kamera entfernt sich rasch vom Kraftwerk (wahrscheinlich aus einem Auto aufgenommen)

Sprecherin aus dem Off: Wir können unsere Kernkraftwerke nicht einfach abschalten und durch umweltbelastende Kohlekraftwerke ersetzen.

Schnitt

Aufblende: Ausschnitt eines Kohlekraftwerkes, im Hintergrund ein durch Rauchschwaden verschleierter Sonnenuntergang

Schnitt

Aufblende: Im Inneren eines Kernkraftwerkes

Sprecherin aus dem Off: Aber wir wissen, daß wir alternative Energien erschließen müssen. Bis dahin müssen wir alles tun, um die Kernkraft so sicher wie möglich zu machen.

Schnitt

Aufblende: Zwei Schäfer mit ihren Hunden auf einem Feld

Sprecherin aus dem Off: Nicht durch grüne Phantastereien,

Schnitt

Aufblende: Aufwärtsschwenk entlang eines Schornsteins eines Kernkraftwerkes

Sprecherin aus dem Off: sondern durch den Einsatz modernster Technik, kann die Umwelt geschützt werden.

Schnitt

Aufblende: Blick von oben in ein gewundenes Flußtal (wahrscheinlich Loreleyfelsen am Rhein)

Sprecherin aus dem Off: Nur so werden Wasser, Luft und Boden wieder gesund.

Schnitt

Aufblende: Technikerin an einem Roboter in einem Automobilwerk

Sprecherin aus dem Off: Überall brauchen wir Spitzenleistungen, deshalb müssen wir alles tun, um die Bildung, Wissenschaft und Forschung zu verbessern und alle Fähigkeiten unserer Bürger zu nutzen. Wir sind auf einem guten Wege.

Schnitt

Aufblende: Standbild, Verleihung des Nobelpreises

Sprecher aus dem Off: Das zeigen nicht nur die Nobelpreise, die wieder an Wissenschaftler unseres Landes vergeben werden.

Schnitt

Aufblende: Bildausschnitt einer Kleinbildkamera von hinten mit dem Aufdruck „Made in Germany"

Sprecher aus dem Off: Das zeigt auch die Qualität unserer Produkte, die wir in alle Welt verkaufen.

Kleinbildkamera wird gedreht

Schnitt

Aufblende: zwei Farbeimer (blau und gelb) von hinten, Zoom auf das aufgedruckte Gütesiegel „Juryumweltzeichen" (blauer Engel)

Sprecher aus dem Off: Und das zeigt das Verständnis unserer Bürger für Umwelt und Leistung.

Schnitt

Aufblende: Martin Bangemann am Schreibtisch, im Hintergrund ein großes Schiffsmodell

M. Bangemann: Leistung ist nicht unmenschlich. Leistung ist auch nicht unsozial. Diejenigen, die etwas leisten können, tragen mit ihrer Leistung dazu bei, daß man vielen anderen Menschen helfen kann. Deswegen bin ich stolz auf die Bürger unseres Landes, die diese Leistung in diesem Sinne erbringen. Das ist auch notwendig, denn Zukunft wird niemandem geschenkt. Niemand kann auch das Rad der Zeit zurückdrehen. Wir müssen gemeinsam das leisten, was jeder beitragen kann, um unsere Zukunft zu gewinnen.

Schnitt

Aufblende; blauer Schriftzug auf gelbem Hintergrund „Zukunft durch Leistung"

Sprecher aus dem Off: Deshalb Zukunft durch Leistung. Deshalb am 25. Januar Zweitstimme F.D.P.

Schnitt

Aufblende: gelber Schriftzug auf blauem Hintergrund „F.D.P. die Liberalen", kurze Musikeinblendung

Dauer ca. 2 ½Minuten

Zusammenfassung der sprachlichen Untersuchung für den Spot zur Bundestagswahl 1987

Technische Gestaltung

Dieser Spot ist in seinem Aufbau besonders durch häufige Schnitte (insgesamt 22) und ständige Szenenwechsel geprägt. Fast jeder Satz der Sprecher aus dem Off wird von einem neuen Bild begleitet, daß mit dem Inhalt der Aussagen korrespondiert, darüber hinaus sogar wertet.

Ein Punkt, den man nicht unterschätzen darf, da die optische Aufbereitung bestimmter Informationen den Zuschauer in eine konkrete Rolle hineindrängt.[54] Dabei löst man sich aber von der bisherigen Gestaltung, daß bekannte Personen die Ziele und Ideen der Partei vertreten. Nun dienen in erster Linie Bilder in Begleitung von Off-Kommentaren als Vermittler. Die politischen Inhalte werden optisch abstrahiert und gewinnen dadurch an Allgemeingültigkeit. Einzig die Ansprache von Martin Bangemann knüpft an die älteren Spots an.

Dies unterstützt wieder die These, daß Wahlwerbung seit den 70er Jahren immer mehr an konkreten und vor allem parteigebundenen Aussagen verliert, diese durch generelle Äußerungen ersetzt werden.

Sprachliche Gestaltung

In der sprachlichen Konzeption zeigt sich dieser Ansatz deutlich, ist er doch fast ausschließlich von Schlag- und Symbolworten geprägt.

Besonders dem Fahnenwort „Leistung" kommt hier eine zentrale Rolle zu. Insgesamt wird er achtmal innerhalb des 2 ½- minütigen Spots benutzt, Verbfor-

---

[54] Vgl. dz. M. Wachtel, a.a.O., S.73f

men und Komposita nicht mitgezählt. Auffällig ist dabei der ambivalente Einsatz des Begriffs. Denn obwohl hier etliche Leistungen aus den unterschiedlichen Bereichen (Technologie, Forschung) beschrieben werden, genügt das bisher Gebrachte nicht. Vielmehr wird noch mehr Einsatz gefordert. Zudem wird *Leistung* in diesem Spot ausschließlich auf materielle bzw. kommerziell nutzbare Werte bezogen. Andere Werte wie beispielsweise soziales oder kulturelles Engagement werden nicht angesprochen, stellen folglich keine Leistung dar.

Auch fällt auf, daß *Leistung* eine emotionalisierende Funktion erhält. Bereits der Titel des Spots „Zukunft durch Leistung" sagt fast alles dazu aus. Für die F.D.P. stellt es sich so dar, daß die Zukunft Deutschlands nur durch Leistung gesichert werden kann. Emotionalisierend wirkt hierbei der Gedanke, daß der Einsatz jedes Einzelnen sozusagen über „Wohl und Wehe" des Landes entscheidet. Als letzte Bemerkung zum Begriff *Leistung* sei noch erwähnt, daß Martin Bangemann Zweiflern oder Kritikern den Wind aus den Segeln nimmt, in dem er klarstellt: *Leistung ist nicht unmenschlich. Leistung ist auch nicht unsozial.* Offensichtlich war auch der F.D.P. bewußt, daß *Leistung* allein durchaus als negativ konnotiertes Reizwort wirken kann.

Das politische Vokabular ist in diesem Spot thematisch begrenzt, was damit zusammenhängt, daß auch in diesem Wahlkampf zielgruppenorientierte, bzw. nach Themen geordnete Spots produziert wurden.

Fahnenworte

Leistung, leisten, Spitzenleistung, Umwelt

Stigmaworte

grüne Phantastereien, Kohlekraftwerke

Reizworte

Kernkraft, Zukunft

Schlagworte

neue technologische Möglichkeit, technische Entwicklung, alternative Energien, Bildung, Wissenschaft, Forschung, Nobelpreise, Qualität

Hochwertworte

Fähigkeit, Qualität, Verständnis

Inhaltlich konzentriert sich der Spot sich auf zwei scheinbar ambivalente Themenbereiche, moderne Technologien und Umweltschutz, wobei diese Gegensätzlichkeit aufgehoben werden soll.

Auch hier läßt sich eine gewisse „geschlechtsspezifische" Präsentation der beiden Themen ausmachen. Der männliche Sprecher formuliert ausschließlich wirtschaftlich oder wissenschaftlich interessante Themen, während die weibliche Sprecherin stärker den Umweltschutz, damit verbunden auch das Bewahren und „Heilen" vertritt. Zum Beispiel durch die etwas naive Formulierung:[55]

Sprecherin aus dem Off: Nur so werden Wasser, Luft und Boden wieder gesund.

Hierbei fällt auch das rhetorische Mittel der Dreierreihe auf, welches in diesem Spot häufig genutzt wird. Meist in Zusammenhang mit dem oben beschriebenen Naturbild.

Ein weiteres rhetorisches Element ist das Aufgreifen politischer Forderungen der GRÜNEN, die allerdings als unsinnig und kurzsichtig dargestellt werden. Wie 1980 wird das zentrale Thema einer konkurrierenden Partei aufgegriffen (besetzt), um ihr keinen Raum zu lassen und mögliche Defizite in der eigenen Themenwahl zu vermeiden. Gleichzeitig kann man auf diese Weise den politischen Gegner diskreditieren bzw. sein Programm als negativ und mangelhaft entlarven.

Sprecherin aus dem Off: Wir können unsere Kernkraftwerke nicht einfach abschalten und durch umweltbelastende Kohlekraftwerke ersetzen. Aber wir wissen, daß wir alternative Energien erschließen müssen. Bis dahin müssen wir alles tun, um die Kernkraft so sicher wie möglich zu machen.

Bemerkenswert ist hier die enge Korrespondenz zwischen den Bildern und den Aussagen über die Sicherheit und Sauberkeit der Kernkraft (Schwenk entlang des Schornsteins eines Kernkraftwerkes bei strahlendem Sonnenschein). Aber auch die dialektische Zusammenstellung der Bilder und Texte zur Forderung der

---

[55] Ergänzend sei erwähnt, daß dieser Spot nur einer von drei aus diesem Wahlkampf ist und ausdrücklich das Thema „Umwelt" behandelt.

GRÜNEN ist geschickt umgesetzt (Zwei Schäfer auf dem Feld als naives Bild eines romantisierten Naturverständnisses und der Kontrast durch die Einblendung eines von Rauchschwaden vernebelten Kohlekraftwerkes).

Auch wird der bereits erwähnte Gegensatz zwischen moderner Technologie und Umweltschutz von der Sprecherin aufgehoben und ins Gegenteil verkehrt wird.

Sprecherin aus dem Off: Nicht durch grüne Phantastereien, sondern durch den Einsatz modernster Technik, kann die Umwelt geschützt werden. [...] die technische Entwicklung nicht zurückdrehen, sondern sie in den Dienst der Umwelt stellen.

Überlegt man, daß zu diesem Zeitpunkt die Katastrophe von Tschernobyl gerade ein Jahr zurücklag, muß man die F.D.P. für ihr rückhaltloses Vertrauen in die Kernkraft – vor allem in einem Wahlwerbespot – fast schon bewundern.

Auch in diesem Spot wächst die Bilderflut merklich an. Sprache wird dabei immer stärker durch visuelle Elemente ergänzt, zum Teil auch ersetzt. Beispielsweise wird der Parteiname in diesem Spot nur in der ersten Auf- und in der Schlußblende genannt. Ersetzt wird der Parteiname bzw. das Kürzel zum ersten Mal durch das Mittel der *Farbsymbolik*, wenn dies auch noch recht sparsam verwendet wird.[56]

So sieht man in einer Einstellung (in der die Qualität deutscher Produkte gepriesen wird) zwei Farbeimer, von welchen der eine blau und der andere gelb ist. Hierdurch wird eine Assoziation zwischen der Qualität deutscher Erzeugnisse, damit auch der Leistung ihrer Hersteller, und der F.D.P. hergestellt, da dies auch die Parteifarben sind.

In diesem Spot wird wieder besonders ausgiebig von Personal – und Possessivpronomen Gebrauch gemacht. Dieses Mittel dient natürlich dazu, den Zuschauer direkt anzusprechen, aber es führt auch dazu, die Verantwortung ein Stück weit an ihn abzugeben.

---

[56] Welches Ausmaß dieses Gestaltungselement annehmen kann, wird sich in den Spots aus 1994 noch zeigen.

Sprecherin aus dem Off: <u>Wir</u> werden <u>unsere</u> Seen, Flüsse und Wälder nur retten, wenn <u>wir</u> sie schonender behandeln [...]. <u>Wir</u> können <u>unsere</u> Kernkraftwerke nicht einfach abschalten [...].

Dies paßt natürlich besonders gut zu dem Anspruch der F.D.P., daß der Einzelne Leistung bringen muß, um die Zukunft zu sichern.

Durch die Fülle der Possessivpronomen beinhaltet dieser Spot eine Reihe an Genitivattributen, die den Aussagen einen etwas pathetischen Klang verleihen.

Beispiele: *die Zukunft <u>unseres</u> Landes, die Fähigkeiten <u>unserer</u> Bürger, das Verständnis <u>unserer</u> Bürger für Umwelt und Leistung, Wissenschaftler <u>unseres</u> Landes, die Qualität <u>unserer</u> Produkte*

Wobei zusätzlich auffällt, daß diese Phrasen durch den Einsatz von Hochwertworten eine möglichst breite Zustimmung erzeugen sollen. Allerdings gilt auch hier, daß sich die Hochwertworte bereits am Rande zu Schlag- bzw. Fahnenworten bewegen. Insbesondere der Begriff Verständnis wird durch seine Beziehung zu dem Begriff Leistung in einen Kontext gestellt, der das Kriterium „Ideologiefreiheit" von Hochwertworten minimiert.

Abschließend bleibt zu bemerken, daß eine Aufgliederung in Sequenzen bei diesem Spot kaum möglich ist, da den meisten Aussagen eine Eindeutigkeit hinsichtlich ihrer Funktion fehlt. Einzig die bereits zitierten Diskriminierungs-Sequenzen und die folgende Schlußaussage im Sinne einer Profilierungs-Sequenz lassen sich in das System einordnen.

Sprecher aus dem Off: Deshalb Zukunft durch Leistung. Deshalb am 25. Januar Zweitstimme F.D.P.

5.8 Bundestagswahl 2. Dezember 1990

Titel: „Erfolg für Deutschland"

Politischer Hintergrund: Koalition unter Helmut Kohl seit 1982

Ausstrahlungsort: öffentlich – rechtliche Sender

Aufblende. Klaviermusik, Blick von oben auf den Mamorfußboden einer Eingangshalle, langsam kommt Otto Graf Lambsdorff ins Bild, durchquert es von links oben nach rechts unten

Schnitt

Aufblende: Otto Graf Lambsdorff von vorne, geht durch die Eingangshalle auf die Kamera zu [Diese Einstellung werde ich im Verlauf des Spots als *Aufblende 2* bezeichnen und nicht mehr ausführlich beschreiben.]

Sprecher aus dem Off: Das vereinte Deutschland ist eine enorme Herausforderung.

Schnitt

Aufblende: Bildaufbau wie Aufblende 2, nur näher an der Kamera

Sprecher aus dem Off: Aber auch eine faszinierende Chance.

Schnitt

Aufblende: Bildaufbau wie Aufblende 2, nur näher; Lambsdorff blickt im Gehen auf die Uhr

Sprecher aus dem Off: Der Sozialismus hat seine Zeit gehabt,

Schnitt

Aufblende: Lambsdorff groß im Bild geht von links nach rechts an der Kamera vorbei

Sprecher aus dem Off: liberale Werte setzen sich durch.

Schnitt

Aufblende: Bildaufbau wie Aufblende 2, aber näher an der Kamera

Sprecher aus dem Off: Wer soll in der Regierung dafür sorgen, daß das Unternehmen Deutschland zum Erfolg geführt wird?

Schnitt

Aufblende: Schwarzweißaufnahme von Lambsdorff im Bundestag; Musikwechsel (Titel Music/John Miles– poppige Zwischensequenz), im Rhythmus der Baßtrommel des Schlagzeugs werden mehrere Schwarzweißaufnahmen von Lambsdorff aneinandergeschnitten; die Gestaltung des Schnittes wird zunächst beibehalten

Sprecher aus dem Off: Anfang der 80er Jahre. Die F.D.P. setzt mit Otto Graf Lambsdorff die erfolgreiche Wirtschafts- und Haushaltspolitik durch, die beispielhafte Stabilität und Wachstum schafft

Es werden Bilder von Lambsdorff in Fabriken dazwischen geschnitten

Sprecher aus dem Off: und damit die Einheit heute überhaupt finanzierbar macht.

Schnitt

Musik wechselt von der schnelleren zur ruhigeren Passage

Aufblende: Lambsdorff geht durch einen Säulengang auf die Kamera zu; Gegenlichtauf-
nahme

Sprecher aus dem Off: Sollen ausgerechnet jetzt die Steuern erhöht werden,

Schnitt

Aufblende: Lambsdorff groß im Bild geht von links nach rechts an der Kamera vorbei

Sprecher aus dem Off: wenn ein wirtschaftlicher Aufbruch gefragt ist?

Schnitt

Aufblende: Lambsdorff geht durch einen Säulengang auf die Kamera zu; Gegenlichtauf-
nahme

Schnitt

Aufblende: Digitalanzeige eines Fahrstuhls, ein grüner Pfeil zeigt nach oben

Sprecher aus dem Off: Soll ausgerechnet jetzt der Staat wieder mehr eingreifen,
wenn mehr private Initiative und Leistung gefordert ist?

Schnitt

Aufblende: Mann und Frau warten vor einem Fahrstuhl

Schnitt

Aufblende: gläserner Fahrstuhlschacht, Lambsdorff fährt von unten nach oben, steigt aus

Sprecher aus dem Off: Sollen ausgerechnet in den nächsten Jahren die Konservativen eine Übermacht haben,

Schnitt

Aufblende: Lambsdorff steigt aus dem Fahrstuhl und wird von dem Mann und der Frau
aus Aufblende 11 begrüßt

Sprecher aus dem Off: wenn eine stärkere liberale Kraft notwendiger ist denn
je?

Schnitt

Aufblende: Schwarzweißaufnahme von Lambsdorff im Bundestag, die Musik wechselt zum
schnelleren Teil des Liedes; es folgen wieder Bilder aus Lambsdorffs politischem Leben,
die im Rhythmus der Baßtrommel geschnitten sind

Sprecher aus dem Off: Die F.D.P. steht mit Otto Graf Lambsdorff wie keine andere Partei für das, was Deutschland jetzt braucht: Mut zur sozialen Marktwirtschaft statt Flucht in Steuererhöhungen. Mehr Freiraum für private Initiative statt mehr Reglementierung und Bürokratie. Klare, berechenbare Politik statt unberechenbarer Mehrheiten.

Schnitt

Übergang der Musik zur ruhigeren Passage

Aufblende: Großaufnahme Lambsdorffs am Schreibtisch (mit Weichzeichnereffekt), es werden mehrere Perspektiven aneinander geschnitten

Sprecher aus dem Off: Überlassen Sie das vereinte Deutschland jetzt weder der absoluten Mehrheit einer Partei noch einer Zersplitterung von links und rechts. Die F.D.P. als die starke Kraft der Mitte. Die liberale Kompetenz in der sozialen Marktwirtschaft. Für erfolgreichen Umweltschutz.

Schnitt

Aufblende: Aktuelles Schwarzweißportrait Lambsdorffs , mehrere Aufnahmen hintereinander geschnitten

Sprecher aus dem Off: Sie sind im Deutschland der 90er wichtiger und notwendiger denn je.

Schnitt

Aufblende: Wahlplakat; Portrait Lambsdorffs nimmt die gesamte linke Hälfte des Bildes ein; die rechte Hälfte wird von einem Text eingenommen, aus dem die Worte „Erfolg für Deutschland" fett hervortreten; als bindendes Element dient am unteren Bildrand ein gelber Balken in dessen rechter Hälfte „F.D.P. Die Liberalen" steht; ganz unten rechts in schwarzer Schrift „Das liberale Deutschland"

Sprecher aus dem Off: Für den Erfolg für Deutschland. F.D.P., das liberale Deutschland.

Zoom auf das F.D.P. – Kürzel auf dem Plakat

Schnitt

Aufblende: Portraitaufnahme Lambsdorffs (Weichzeichnereffekt)

O. G. Lambsdorff: Sorgen Sie für stabile Verhältnisse, klare Mehrheiten, erfolgreiche liberale Politik mit Ihrer Zweitstimme für die F.D.P.

Dauer ca. 2 ½Minuten

Zusammenfassung der sprachlichen Untersuchung für den Spot zur Bundestagswahl 1990

Technische Gestaltung

Wichtigstes Kriterium für diesen Spot ist, daß es sich ganz eindeutig um die Präsentation eines Spitzenkandidaten der Partei handelt (Stichwort Personalisierung).

Zudem ist er sicherlich derjenige, der durch seine Konzeption ganz besondere Aufmerksamkeit verdient. In kaum einem anderen Spot wird die These, daß Wahlwerbung sich dem Einfluß kommerzieller Werbung nicht entziehen kann, so deutlich, kaum ein anderer Spot zuvor nutzt die Symbolkraft von Bildern im direkten Zusammenhang mit Texten. Zum Beispiel wird in einer Aufblende ein nach oben weisender grüner Pfeil gezeigt (Fahrstuhlanzeige), während der Sprecher von wirtschaftlichem Aufbruch spricht.

Aber auch andere technische Mittel fallen besonders auf. So etwa der Weichzeichnereffekt (Portraitaufnahme von Lambsdorff an seinem Schreibtisch), dessen konkrete Funktion sich mir nicht unbedingt erschließt. Zusätzlich wird die Musik nicht mehr als Hintergrundelement eingesetzt, sondern dient den Bildern als Taktgeber für den Rhythmus der Schnitte. Einzelne Schwarzweißaufnahmen aus Lambsdorffs politischem Leben werden im Takt der Baßtrommel eines bekannten Popsongs (*Music* – John Miles) geschnitten. Dadurch erhalten die eigentlich wenig aussagekräftigen Bilder eine ungeheure Dynamik, die Emotionen hervorruft, so daß das Fehlen von Inhalten nicht mehr auffällt.

Sprachliche Gestaltung

Betrachtet man die technische Konzeption, so wird bereits deutlich, daß konkrete politische Inhalte und Forderungen nur noch sehr begrenzt Raum finden. Auch sprachlich macht sich dies natürlich bemerkbar. So wird zum Beispiel gesagt:

Sprecher aus dem Off: [...] liberale Werte setzen sich durch.

Welche das konkret sind, wird dem geneigten Zuschauer nicht offensichtlich. Es bietet sich so die Möglichkeit zur Assoziation, eine genaue Zielgruppe wird nicht mehr angesprochen. Auch wird der Ton, mit dem die aktuelle politische Lage im Land dargestellt wird, immer lässiger.

Sprecher aus dem Off: Das vereinten Deutschland ist eine enorme Herausforderung. Aber auch eine faszinierende Chance.

Das Adjektiv *faszinierend* klingt dabei sehr spielerisch. Politik ist keine ernste Angelegenheit mehr, sondern wird eher als sportliche *Herausforderung* betrachtet. An anderer Stelle wird sogar vom *Unternehmen Deutschland* gesprochen, was den wirtschaftspolitischen Aspekt des Staates in den Vordergrund rückt und andere Themen zurückdrängt.

Dieses Thema ist Schwerpunkt des gesamten Spots, fast alle Begriffe des politischen Vokabulars beziehen sich darauf.

Fahnenworte

vereintes Deutschland, Einheit, wirtschaftlicher Aufbruch, private Initiative und Leistung, liberale Kraft, soziale Marktwirtschaft, starke Kraft der Mitte, liberale Kompetenz, erfolgreicher Umweltschutz

Stigmaworte

Sozialismus, Steuern, Staat, Konservative, Steuererhöhung, Reglementierung, unberechenbare/absolute Mehrheiten, Zersplitterung, Übermacht

Schlagworte

erfolgreiche Wirtschafts- und Haushaltspolitik, beispielhafte Stabilität und Wachstum

Interessanterweise fehlt es jedoch an Hochwertworten. Die beiden Begriffe *Mut* und *Freiraum*, die als solche wirken könnten, werden durch ihren direkten Bezug zu Fahnenworten ideologisiert und entsprechen somit nicht mehr dem Kriterium der „Ideologiefreiheit".

Es werden auffallend viele rhetorische Fragen benutzt, wobei sich diese ausschließlich in den Off-Kommentaren finden. Dabei ist zu beobachten, daß O. G. Lambsdorff während des ganzen Spots zwar in Szene gesetzt wird, aber nur zum Schluß einen einzigen Satz spricht. Eine Tendenz, die sich immer wieder feststellen läßt und in den Spots 1994 noch stärker hervortritt.

O.G. Lambsdorff: Sorgen Sie für stabile Verhältnisse, klare Mehrheiten, erfolgreiche liberale Politik mit Ihrer Zweitstimme für die F.D.P.

Zum ersten Mal läßt sich an dieser Stelle eine Polysemie feststellen, wird doch vorangehend im Spot (auch in früheren) der Begriff *Mehrheiten* durch negative Kontexte (absolute/alleinige Mehrheit) ausschließlich als Stigmawort gebraucht. In dieser Aussage jedoch wird eine *klare Mehrheit* gefordert, wodurch dem Begriff selbst eine positive Konnotation im Sinne demokratischer Prinzipien zuteil wird. An anderer Stell wird in diesem Spot jedoch wiederum vor *unberechenbaren Mehrheiten* gewarnt. Daraus ergibt sich die mehrdeutige Funktion des Begriffs, was so bisher nicht zu beobachten war.

Im Kern bildet diese Aussage Lambsdorffs nichts weiter als einen Wahlaufruf an die Zuschauer – durch ihn personifiziert und visualisiert.

Möglicherweise soll diese Art der Gestaltung das Gefühl einer scheinbar objektiven Präsentation des Politikers durch „Dritte" vermitteln.

Die rhetorischen Fragen im Spot sind exakt gleich strukturiert. So handelt es sich ausschließlich um Konditionalsätze mit der Konjunktion *wenn*. Die hypothetischen negativen Entwicklungen - ohne Mitwirken der F.D.P. in der Regierung - werden immer im ersten Satzteil mit Hilfe von Stigmaworten formuliert, die Gegengründe – bzw. Argumente für die Partei – im zweiten durch Fahnenworte dargestellt. Gleichzeitig wirken diese Fragen im Sinne der *Diskriminierungs-Sequenz*. Allerdings gilt auch hier wie 1987, daß die Textstruktur (Sequenzierung) durch ihre subtile Art weniger klar erkennbar ist als früher. Die zielgerichtete Kritik an anderen Parteien beispielsweise wird in diesem Fall kaum als Mittel der Werbung genutzt und die Adressaten nicht mehr namentlich, bzw. durch allgemein verständliche Richtungsanzeigen erwähnt.

Sprecher aus dem Off: Sollen ausgerechnet jetzt die Steuern erhöht werden, wenn wirtschaftlicher Aufbruch gefragt ist? Soll ausgerechnet jetzt der Staat wieder mehr eingreifen, wenn mehr private Initiative und Leistung gefordert ist? Sollen ausgerechnet jetzt die Konservativen eine Übermacht haben, wenn eine stärkere liberale Kraft notwendiger ist denn je?

Ein weiteres rhetorisches Mittel ist der antithetische Aufbau der *Profilierungs-Sequenzen*, die mit *Diskriminierungs-Sequenzen* kombiniert werden.

96

Sprecher aus dem Off: Mut zur sozialen Marktwirtschaft, statt Flucht in Steuer-erhöhungen. Mehr Freiraum für private Initiative, statt mehr Reglementierung und Bürokratie. Klare, berechenbare Politik, statt unberechenbarer Mehrheiten.

Gründe der Wahlentscheidung für die F.D.P. werden, wie so oft, in der Vergan-genheit der politischen Arbeit geboten, deren positive Auswirkungen heute spürbar werden. Dies entspricht der *Prolongierungs-Sequenz.*

Sprecher aus dem Off: <u>Anfang der 80er Jahre</u>. Die F.D.P. setzt mit Otto Graf Lambsdorff die <u>erfolgreiche Wirtschafts- und Haushaltspolitik</u> durch, die bei-spielhafte Stabilität und Wachstum schafft und damit die <u>Einheit heute über-haupt finanzierbar macht</u>.

Hier wird als Grundlage für die Vereinigung die wirtschaftspolitische Arbeit der F.D.P. dargestellt. Außenpolitische Entwicklungen („Sanfte Revolte" in der DDR, Tauwetter in Moskau u.a.) werden nicht erwähnt. Ebenso findet die Ost-politik, ehemals zentrales Thema der F.D.P.[57], mit keinem Wort Erwähnung.

Auch wird die Vergangenheit der neuen Bundesländer durch einfache Formulie-rungen verharmlost.

Sprecher aus dem Off: Der Sozialismus hat seine Zeit gehabt.

Die mit dem „real existierenden" Sozialismus verbundenen Leiden und Proble-me, die bis in die Gegenwart hineinreichen, werden mit einem Satz – ohne über-haupt angesprochen zu werden – ad acta gelegt.

Gleichzeitig wird mit der „Drohgebärde" vor der alleinigen Herrschaft einer Partei auf die Erfahrungen der „neuen" Bundesbürger in den letzten 40 Jahren verwiesen. Diese Warnung, die sich bereits in dem Spot von 1976 findet, wird immer wieder in den Spots aufgegriffen, wobei sie durch die historische Nähe zum SED- Regime doppelte Bedeutung bekommt.

Um eine Alternative zur „Alleinherrschaft" von links oder rechts zu bieten, wird dabei wieder die Bezeichnung *starke Kraft der Mitte* eingesetzt. Diese Standort-bestimmung im politischen Spektrum der Bundesrepublik wurde erstmals 1983

---

[57] Vgl. dz. Spots aus 1969 und 1972. Hierzu sei angemerkt, daß das Thema „Ostpolitik" im zweiten Spot aus 1990, in dem H.D.Genscher präsentiert wird, eine wesentlich größere Rolle spielt.

in einem Spot vorgenommen und deutete damals eine Richtungsänderung in der politischen Ausrichtung der Partei an.[58]

In diesem Spot ist sie weniger Kennzeichen einer „neuen Linie", sondern Abgrenzung zur drohenden Zersplitterung in einer veränderten politischen Landschaft. Möglicherweise soll dies besonders die Wähler in den neuen Bundesländern als Entscheidungshilfe für die F.D.P. dienen.

5.9 Bundestagswahl 16. Oktober 1994 a

Titel: „Diesmal geht's um alles" - Colours

Politischer Hintergrund: Koalition aus CDU/CSU und F.D.P. unter Helmut Kohl seit 1982

Ausstrahlungsort: öffentlich – rechtliche Sender

Aufblende: Musik, Kamerafahrt über gelben Sandboden

Sprecher aus dem Off: Stellen Sie sich vor, das hier wäre die Zukunft.

Von oben fällt eine schwarzrotgoldene Kugel in den Sand

Sprecher aus dem Off: Und das hier, das wären Sie.

Zoom auf die Kugel

Sprecher aus dem Off: Bei der Bundestagswahl müssen Sie Farbe bekennen, denn wer weiß, worauf diese Wahl sonst hinausläuft.

Schnitt

Aufblende: große schwarze Kugel fällt von oben in den Sand und rollt auf die schwarzrotgoldene Kugel zu; insgesamt fallen vier schwarze Kugeln in den Sand; die schwarzrotgoldene verschwindet in ihren Schatten

Sprecher aus dem Off: Schwarz allein? Eine erdrückende Aussicht.

Schnitt

Aufblende: rote Kugeln fallen zwischen die schwarzen und schieben sie ein Stück beiseite

Sprecher aus dem Off: Rot und schwarz? Dann bewegt sich gar nichts mehr.

Schnitt

---

[58] Vgl. dz. Fußnote Nr. 53, S.86

Aufblende: von oben sieht man die schwarzrotgoldene Kugel umringt von den schwarzen und roten Kugeln

Sprecher aus dem Off: Und rot- grün?

Schnitt

Aufblende: die schwarzrotgoldene Kugel liegt im Bildvordergrund, von hinten stoßen rote und grüne Kugeln dazu und schieben sie weg; die grüne Kugel hat eine „Grasoberfläche"

Sprecher aus dem Off: Oder gar rot- rot- grün? Mit PDS?

Schnitt

Aufblende: rote Kugeln rollen ganz dicht an die Kamera heran, bis man nichts mehr sieht

Schnitt

Aufblende: blauer, marmorierter Hintergrund; gelber Schriftzug am oberen Bildrand „Diesmal geht's um alles"; unten am rechten Bildrand ein gelbes Rechteck, darin in blauer Schrift „F.D.P. die Liberalen"; quer über das Bild wird ein roter Balken mit dem Schriftzug „Zweitstimme F.D.P." eingeblendet

Sprecher aus dem Off: Diesmal geht's um alles.

Schnitt

Aufblende: rote, grüne und schwarze Kugeln liegen im Kreis um die schwarzrotgoldene herum, die Kamera schwenkt in einem Halbkreis um die Kugeln; in der Mitte sind zwei blaugelbe Kugeln zu erkennen

Sprecher aus dem Off: Es geht um mehr als Zahlenspiele. Es geht um die liberale Partei Deutschlands

Überblende: Kugeln von oben, zwei Hände nehmen die blaugelben Kugeln aus dem Kreis heraus und macht abwägende Bewegungen

Sprecher aus dem Off: Was wird aus blaugelb? Und was wird aus schwarzrotgold?

Überblende: Klaus Kinkel vor einer holzgetäfelten Wand, in Händen hält er je eine blaue und eine gelbe Kugel

K. Kinkel: Deutschland braucht auch weiterhin die Liberalen. Die Koalition war erfolgreich.

Einblende: Dr. Klaus Kinkel

K. Kinkel: Sie muß weitermachen können. Die F.D.P. steht für wirtschaftlichen Aufschwung, für Innovationen, für Leistung.

Schnitt

Aufblende: K. Kinkel dreht sich mit dem Gesicht zur Kamera, im Hintergrund ist ein abstraktes Gemälde zu erkennen.

K. Kinkel: Aber eben auch für Weltoffenheit, Toleranz und den Rechtsstaat. Ein Bundestag ohne die F.D.P., das wäre eine andere Politik.

Schnitt

Aufblende: Blick von einem Hochhaus auf eine Großstadt

Sprecherin aus dem Off: Glauben Sie denn wirklich, Deutschland könne auf die F.D.P. verzichten?

Schnitt

Im Folgenden werden Standbilder aus der Wissenschaft, Industrie und Wirtschaft sehr schnell hintereinander geschnitten (Stahlarbeiter, Börse etc.)

Sprecherin aus dem Off: Die Partei der sozialen Marktwirtschaft und des Wiederaufbaus in den 90ern, der außenpolitischen Erfolge und der Wiedervereinigung.

Schnitt

Aufblende: Parkettfußboden von oben, eine Ballettänzerin kommt ins Bild, Kameraschwenk von den Füßen der Tänzerin aufwärts

Sprecherin aus dem Off: Die Partei, die sich für die Freiheit des Einzelnen einsetzt. Für neue Ideen, für Minderheiten, für Kultur.

Zeitlupenaufnahme der Tänzerin bei einer Pirouette

Sprecherin aus dem Off: Was würde aus Deutschland ohne die Liberalen?

Schnitt

Aufblende: blauer, marmorierter Hintergrund; gelber Schriftzug am oberen Bildrand „Diesmal geht's um alles"; unten am rechten Bildrand ein gelbes Rechteck, darin in blauer Schrift „F.D.P. die Liberalen"; quer über das Bild wird ein roter Balken mit dem Schriftzug „Zweitstimme F.D.P." eingeblendet

Sprecherin aus dem Off: Diesmal geht's um alles.

Schnitt

Aufblende: schwarze, rote und grüne Kugeln liegen in einem Kreis, Kameraschwenk um die Kugeln

100

Sprecher aus dem Off: Denn nur mit einer starken F.D.P. im Bundestag können Sie ganz sicher sein.

Schnitt

Aufblende: schwarzrotgoldene Kugel liegt in der Mitte, eine rote Kugel links daneben, eine schwarze rechts von der Mitte; von hinten stößt eine grüne Kugel die schwarze weg

Sprecher aus dem Off: Vor einer rot – grünen Minderheit, die

Überblende: kleinere rote Kugel rollen an der schwarzrotgoldenen vorbei und bleiben direkt vor der Kamera liegen

Sprecher aus dem Off: mit Hilfe der PDS vielleicht doch noch an die Regierung kommt.

Schnitt

Aufblende: schwarzrotgoldene Kugel liegt in der Mitte, große schwarze außen herum, von hinten kommt eine große rote Kugel angerollt

Sprecher aus dem Off: Vor einer schwarz- roten großen Koalition,

Überblende: Aufsicht auf eine schwarzrotgoldene Kugel in der Mitte, außen herum liegen rote und schwarze Kugeln

Sprecher aus dem Off: die alles lähmt und nichts bewegt.

Schnitt

Aufblende: eine einzelne schwarze Kugel fällt in den Sand

Sprecher aus dem Off: Aber auch vor einer schwarzen Alleinherrschaft von CDU und CSU,

Überblende: große schwarze Kugel verdrängt die schwarzrotgoldene Kugel

Überblende: schwarzrotgoldene Kugel wird von vier großen schwarzen Kugeln umringt, verschwindet fast in ihrem Schatten

Sprecher aus dem Off: ohne die Liberalen, die korrigieren und kontrollieren.

Überblende: blauer, marmorierter Hintergrund; gelber Schriftzug am oberen Bildrand „Diesmal geht's um alles"; unten am rechten Bildrand ein gelbes Rechteck, darin in blauer Schrift „F.D.P. die Liberalen"; quer über das Bild wird ein roter Balken mit dem Schriftzug „Zweitstimme F.D.P." eingeblendet

Sprecher aus dem Off: Diesmal geht's um alles.

Überblende: blauer Hintergrund, große Überschrift in gelb „Jetzt F.D.P.", rechst unten im Bild ein gelbes Rechteck mit blauer Schrift „F.D.P. die Liberalen"

Sprecher aus dem Off: Wählen Sie deshalb am 16. Oktober F.D.P.

Einblende: ein roter Balken wird quer über das Bild eingeblendet „Für eine stabile Regierung Kohl/Kinkel"

Sprecher aus dem Off: Für eine stabile Regierung Kohl/Kinkel.

Einblende: die Inschrift des roten Balkens wird durch „Zweistimme F.D.P." ersetzt

Sprecherin aus dem Off: Zweitstimme F.D.P.

Dauer ca. 2 ½Minuten

Zusammenfassung der sprachlichen Untersuchung für den Spot zur Bundestagswahl 1994 a

Technische Gestaltung

Was sich bereits in den vorhergehenden Spots abzeichnet, wird hier ganz offensichtlich: Die Konzeption der Spots basiert fast nur noch auf der Vermittlung von Inhalten durch Bilder, deren Struktur ausgesprochen einfach ist. Das Mittel der Farbsymbolik, welches 1987 zum ersten Mal in Erscheinung tritt, wird hier zentrales gestalterisches Element der Präsentation, während die sonst übliche Standortbestimmung über Richtungsangaben (links, rechts, Mitte) völlig fehlt. Aussagen werden nahezu vollständig visualisiert, erreichen dadurch ein ausgesprochen hohes Maß an Beliebigkeit und Konturlosigkeit.

Des weiteren setzt sich der Trend fort, Aussageabsichten des Spots über die Off-Kommentare zu vermitteln. Den eigentlichen Repräsentanten der Partei wird immer weniger Sprechzeit eingeräumt. Formal läßt sich dies durch ein einfaches Zahlenspiel dokumentieren: Off-Sprecher knapp 30 Sätze; Klaus Kinkel 6 Sätze.

Der These einer massiven Personalisierung von Wahlwerbung kann für die von mir untersuchten Spots daher nur bedingt bestätigt werden. Die bekannten Politiker als Repräsentanten einer programmatischen Linie verlieren zunehmend an Bedeutung. Obwohl sie nach wie vor in Szene gesetzt, ihnen die durch die Off-Sprecher vermittelten Werte und Haltungen zugesprochen werden, nimmt ihre

Erscheinung (und damit die Wahrnehmung durch den Zuschauer) einen immer geringeren Stellenwert ein.[59]

Die optische Umsetzung mit Hilfe technischer Elemente bekommt dem gegenüber eine immer wichtigere Bedeutung.

Sprachliche Gestaltung

Auch die Sprache spiegelt die wachsende Bildhaftigkeit und einfache Farbmetaphorik wider.

Vornehmlich in den rhetorischen Fragen zu Beginn des Spots wird diese Art der kombinierten Text- und Bildgestaltung genutzt:

Sprecher aus dem Off: Schwarz allein? Eine erdrückende Aussicht.

Rot und schwarz? Dann bewegt sich gar nichts mehr.

Und rot-grün? Oder gar rot-rot-grün? Mit PDS?

Es handelt sich hierbei um *Diskriminierungs-Sequenzen,* wobei die letzte besonders stark wirkt, da mögliche politische Folgen scheinbar noch nicht ein mal abzusehen sind.

Wichtig ist dabei, daß die Nennung von politischen Gegnern auf eine Art und Weise erfolgt, die den Zuschauer zum „Komplizen" bzw. Eingeweihten macht. Es wird ein Zeichenrepertoire genutzt (Farben), welches von ihm selbstverständlich in der beabsichtigten Art und Weise entschlüsselt werden kann. Dahinter steckt die Absicht, Gemeinschafts- und Zugehörigkeitsgefühle zu wecken.[60]

Die Diskriminierung mittels Farben wird dabei so schwammig formuliert, daß keine Antistimmung beim Rezipienten ausgelöst wird. Eine Feststellung die für die meisten Spots gültig ist. Einzige Ausnahme bilden dabei die Spots aus 1980

---

[59] In den beiden folgenden Spots, die im Privatfernsehen gesendet wurden, wird auf die Vermittlung durch bekannte Politiker völlig verzichtet.

[60] Wobei es mir wichtig scheint, zu betonen, daß dies nur in sehr mäßigem Umfang gelingen kann. Denn die Einordnung ins politische Spektrum erfolgt nicht erst seit den letzten Jahren durch Farbmetaphern. Dies gehört schon länger ins Repertoire der Parteiidentität. Keine Partei kann also für sich in Anspruch nehmen, den Zuschauer damit ausschließlich für sich zu gewinnen.

und 1987, in denen der politische Gegner sogar persönlich genannt wird („gegen Strauß").

Monika Toman-Banke begründet diese Zurückhaltung damit, daß eine zu heftige Attacke das Gefühl von Unfairneß beim Zuschauer auslöst, die der werbenden Partei nur schaden kann.[61]

Das Spiel mit den Farben geht sogar soweit, daß der Zuschauer selbst damit wörtlich in die Verantwortung genommen wird:

Sprecher aus dem Off: Bei der Bundestagswahl müssen Sie Farbe bekennen [...].

An anderer Stelle werden Assoziationen zu einzelnen Farben geschickt genutzt, um negative Eigenschaften zu suggerieren. Zum Beispiel wird die Farbe Schwarz, wie bereits erwähnt, mit der Alleinherrschaft der CDU/CSU verknüpft.

Die Farbe Schwarz an sich wird – beispielsweise auch in der Literatur – mit negativen Werten verbunden (schwarze Magie, Symbol der Finsternis, schwarze Katze als Unglücksbringer).

Für die Partei gilt, daß sie sich 1953 auf ihrem Parteitag in Hamburg neben einem Grundsatzprogramm auch ein neues Wappen gegeben hat. In diesem Parteiemblem, welches heute nicht mehr so bekannt ist, bildet ein goldgerändertes, schwarzes Kreuz das Zentrum. Ausdruck einer christlichen Grundhaltung, die sich auch im Namen widerspiegelt. Dadurch hat hier die Farbe Schwarz eigentlich keine negative Bedeutung, läßt sich jedoch sehr leicht so darstellen.

Von den gegenwärtigen Parteien hat die SPD die längste traditionelle Symbolgeschichte. Die rote Fahne, später ergänzt durch verschlungene Hände als Zeichen der Solidarität, gehört bereits seit dem Gründungsjahr 1863 zum Repertoire der Partei und steht u.a. in der Tradition der Französischen Revolution.

Auch für diese Farbe gilt, daß sie grundsätzlich keine negativen Eigenschaften symbolisieren soll, aber ebenso wie „Schwarz" von politischen Gegnern leicht in dieser Weise interpretiert werden kann. Um sich nach 1945 von den Kommu-

---

[61] Vgl. dz. M. Toman-Banke, a.a.O., S.85ff

nisten zu unterscheiden, wird seitdem die rote Fahne nur noch mit dem Partei-kürzel SPD verwendet.[62]

Dieser Ausflug in die Welt der Farbmetaphorik soll nur kurz darstellen, wie vieldeutig sie sein kann, damit verbunden, welche Möglichkeiten sich für Pole-mik und Wortspielereien eröffnen.

Neben der Farbsymbolik gibt es weitere „klassische" Stilmittel, die sehr intensiv genutzt werden. So zum Beispiel rhetorische Fragen:

Sprecherin aus dem Off: Glauben Sie denn wirklich, Deutschland könne auf die F.D.P. verzichten?

Inhaltlich fällt auf, daß diese Aussage nicht nur eine *Profilierungs-Sequenz* zum Zwecke der Wahlentscheidung darstellt, sondern explizit die Zukunft des Lan-des an die der Partei knüpft. Dadurch gewinnt der Spot an doppelter Bedeutung. Wie ernst dies ist, wird durch den Begriff *Zahlenspiele* sehr anschaulich ver-deutlicht.

Sprecher aus dem Off: Es geht um mehr als Zahlenspiele. Es geht um die libe-rale Partei Deutschlands.

Nicht mehr das „wieviel" liberaler Politik in der Koalition, sondern das „über-haupt" wird dadurch suggeriert. Wobei Aussagen in anderen Spots (z.B. *bere-chenbare Politik*) sehr wohl den Eindruck vermitteln, daß es sich bei der Wahl um eine mathematisch lösbare Aufgabe handelt.

Mit dem Titel des Spots „Diesmal geht's um alles" wird im Prinzip alles über den Zustand der Partei ausgesagt. Dabei handelt es sich um einen Rückgriff auf das Jahr 1980 („Diesmal geht's ums Ganze").

Zweck dieser „realistischen" Selbstdarstellung ist natürlich die Emotionalisie-rung der Zuschauer. Ergänzt wird dieser Effekt durch die Kombination:

Sprecher aus dem Off: Was wird aus blaugelb? Und was wird aus schwarzrot-gold?

Hier wird praktisch das Schicksal der Partei an das des Landes gebunden.

---

[62] Vgl. dz. M. Lurker (Hg.): „Wörterbuch der Symbolik", Stuttgart 1991, S. 581f

Bezüglich der Sequenzierung im Spot fällt auf, daß die Diskriminierung der politischen Gegner ausschließlich über die Off-Kommentare erfolgt, während die *Profilierungs-Sequenzen* nur in der kurzen Ansprache Klaus Kinkels erfolgt. Hier findet sich auch eine Konzentration des politischen Vokabulars.

Fahnenworte

Deutschland, die Liberalen, wirtschaftlicher Aufschwung, Innovation, Leistung, soziale Marktwirtschaft, außenpolitische Erfolge, Wiedervereinigung, Freiheit des Einzelnen, Zweitstimme, Rechtsstaat

Stigmaworte

schwarz, rot-grüne Minderheit, große Koalition, schwarze Alleinherrschaft, PDS

Schlagworte

Weltoffenheit, Toleranz, neue Ideen, Minderheiten, Kultur, korrigieren, kontrollieren

Reizworte

Zukunft, Zahlenspiele

Hier ist zu beobachten, daß sie mehrfach als rhetorische „Dreierreihe" kombiniert werden, wobei durch die Hörgewohnheiten immer der letztgenannte Begriff besonders in Erinnerung bleibt.

K. Kinkel:[...] Die F.D.P. steht für wirtschaftlichen Aufschwung, für Innovationen, für Leistung.

[...] Aber eben auch für Weltoffenheit, Toleranz und den Rechtsstaat.

Sprecherin aus dem Off: [...] Für neue Ideen, für Minderheiten, für Kultur.

Interessant ist hierbei der Einsatz von Begriffen, die nicht an wirtschaftliche bzw. materielle Güter gebunden sind, sondern ideelle Werte vermitteln. Besonders in den 80er Jahren fehlen solche Begriffe fast völlig. Möglicherweise in den 90ern eine Reaktion auf die veränderte gesellschaftliche, aber auch wirtschaftliche Situation im Land.

5.10 Bundestagswahl 16. Oktober 1994 b

Titel: „Diesmal geht's um alles"

Politischer Hintergrund: Koalition aus CDU/CSU und F.D.P. unter Helmut Kohl

Ausstrahlungsort: Privatsender „n-tv"

Aufblende: Kamerafahrt über gelben Sand

Sprecher aus dem Off: Am 16. Oktober ist Bundestagswahl

Kleine schwarzrotgoldene Kugel rollt ins Bild

Schnitt

Aufblende: große schwarze Kugel rollt ins Bild, wirft ihren Schatten auf die kleinere schwarzrotgoldene Kugel, drei weitere schwarze Kugeln kommen hinzu, umringen die schwarzrotgoldene

Sprecher aus dem Off: und wenn Sie nicht aufpassen, ist danach alles schwarz.

Große rote Kugeln fallen zwischen die schwarzen

Sprecher aus dem Off: Oder schwarz-rot.

Schnitt

Aufblende: Aufsicht auf die schwarzen und roten Kugeln, die schwarzrotgoldene liegt in der Mitte im Schatten

Sprecher aus dem Off: Dann bewegt sich gar nichts mehr.

Schnitt

Aufblende: in der Mitte liegt die schwarzrotgoldene Kugel liegt in der Mitte, rote und schwarze daneben; eine grüne Kugel kommt von hinten angerollt und stößt eine schwarze beiseite

Sprecher aus dem Off: Oder rot-grün.

Großaufnahme der grünen Kugel

Umschnitt auf die schwarzrotgoldene Kugel in der Mitte

Sprecher aus dem Off: Gute Nacht Außenpolitik, gute Nacht Wirtschaft.

Schnitt

Aufblende: schwarzrotgoldene Kugel liegt allein im Sand, wird von hinten von kleinen roten Kugeln weggestoßen; diese rollen vor die Kamera, bis nichts mehr zu erkennen ist

Sprecher aus dem Off: Vorsicht, PDS!

Abblende

Aufblende: blauer Hintergrund, gelbe Überschrift „Diesmal geht's um alles.", rechts unten ein gelbes Rechteck mit blauer Schrift „F.D.P. Die Liberalen"

Sprecher aus dem Off: Diesmal geht's um alles. Deutschland braucht die Liberalen.

Einblende: quer über das Bild wird ein roter Balken eingeblendet „Zweitstimme F.D.P."

Überblende: grüne, schwarze, rote und blau-gelbe Kugeln liegen um eine schwarzrotgoldene Kugel, Kamerafahrt um die Kugeln

Sprecher aus dem Off: Für eine stabile Regierung Kohl/Kinkel.

Schnitt

Aufblende: blauer Hintergrund, gelbe Überschrift „Jetzt F.D.P.", rechts unten im Bild ein gelbes Rechteck mit blauer Schrift „F.D.P. Die Liberalen", die Inschrift im roten Querbalken „Für eine stabile Regierung Kohl/Kinkel" wird durch „Zweitstimme F.D.P." ersetzt

Sprecher aus dem Off: Am 16. Oktober Zweitstimme F.D.P.

Dauer ca. 30 Sekunden

Zusammenfassung der sprachlichen Untersuchung für den Spot zur Bundestagswahl 1994 b (n-tv)

Technische Gestaltung

Dieser Spot entspricht in seiner optischen Gestaltung dem vorherigen Spot, der nur in den öffentlich-rechtlichen Sendern lief.

Zwei wesentliche Merkmale unterscheiden ihn jedoch. Zum einen fehlt eine direkte Ansprache an die Zuschauer durch einen Parteipräsentanten. Zum anderen ist er mit seinen 30 Sekunden deutlich kürzer.

Die Geschwindigkeit der Schnitte ist im Vergleich wesentlich höher, als bei dem Spot der in den öffentlich-rechtlichen Sendern gezeigt wurde. Durch die Kürze wirken die optischen Informationen dichtgedrängt, und es bleibt fraglich, ob dem Zuschauer etwas anderes im Gedächtnis bleibt, als verschiedenfarbige Kugeln.

Sprachliche Gestaltung

Entsprechend der Geschwindigkeit der Schnitte sind auch die Sätze kurz und knapp formuliert – nicht viel mehr als Sentenzen. Die Wortwahl ist einfach gestaltet, es tauchen keine Fremdworte, noch nicht ein mal Jargonismen aus dem politischen Alltag auf. Insgesamt sind die Aussagen alle sehr umgangssprachlich gehalten.

Was besonders auffällt, ist der gleichzeitige Mangel am bekannten politischem Vokabular, dessen Einsatz man bei der Kürze des Spots eigentlich erwarten würde.

Die Gemeinsamkeit mit dem Spot aus den öffentlich-rechtlichen Sendern begrenzt sich auf die bereits mehrfach besprochene Farbsymbolik, welche hier allerdings den gesamten Inhalt des Spots transportieren soll. Es werden nur noch „Drohungen" ausgesprochen, um beispielsweise vor dem bekannten Argument der Alleinherrschaft zu warnen. Bereits der Einstieg in den Spot greift dieses Motiv auf:

Sprecher aus dem Off: Am 16. Oktober ist Bundestagswahl und wenn Sie nicht aufpassen, ist danach alles schwarz.

Hier wird wieder das beliebte Mittel eingesetzt, den Zuschauer auf seine politische Verantwortung hinzuweisen.

An anderer Stelle werden die *Diskriminierungs-Sequenzen* vor politischen Gegnern sogar noch deutlicher:

Sprecher aus dem Off: Vorsicht, PDS!

Gründe oder politische Argumente finden keinen Platz, vielmehr wird mit der Suggestion von Gefahr nur noch an die Emotionen der Zuschauer appelliert. Klassische *Profilierungs-Sequenzen* werden nicht eingesetzt.

Die bisherigen Leistungen der F.D.P. finden nur noch indirekt Eingang in den Spot, obwohl gerade diese Selbstdarstellung in den früheren Spots ein zentrales Element war. Nur durch zwei Begriffe werden die klassischen Themen der F.D.P. kurz angerissen.

Sprecher aus dem Off: [...] Gute Nacht Außenpolitik, gute Nacht Wirtschaft.

Einzig am Ende des Spots findet sich eine *Prolongierungs-Sequenz*, wobei der „verlängernde" Charakter der Aussage nur mäßig deutlich zu erkennen ist:

Sprecher aus dem Off: Für eine stabile Regierung Kohl/Kinkel.

Die Auflösung bzw. Reduktion der Sequenzierung ist wohl ein wesentliches Merkmal der Spots aus dem Wahljahr 1994. In diesem Fall mag das damit zusammenhängen, daß der Spot nur 30 Sekunden lang ist. Aber wie sich bereits in anderen Untersuchungen (bsp. 1990) zeigt, ist das eine Tendenz, welche sich generell bemerkbar macht. Vielleicht der Auftakt zu einer neuen Konzeption, der noch stärker als bisher die Allgemeingültigkeit und Vieldeutigkeit der Aussagen zugrunde liegt. Zudem fällt auf, daß eine gewisse Zurückhaltung gegenüber den politischen Gegner in den vorangegangenen Jahren ebenfalls aufgegeben wird. Vielmehr bildet das nun (zumindest 1994) den Kern der sprachlichen Strategie.

Bemerkbar macht sich dies auch im politischen Vokabular, da Schlagworte, deren Häufung man in der Kürze des Spots erwarten würde, gänzlich fehlen.

Stigmaworte

schwarz, schwarz-rot, rot-grün, PDS (auch in gewisser Weise ein Reizwort)

Fahnenworte

Außenpolitik, Wirtschaft, Deutschland, Liberale

Auch Pronomen werden nur sehr sparsam eingesetzt, auf Possessivpronomen sogar völlig verzichtet. Dadurch wird dem Zuschauer deutlich weniger Raum für Identifikation gegeben, seine Rolle auf die Verantwortung für die Situation begrenzt, wie sie nach der Wahl in Deutschland sein könnte.

Ansprachen und „Ermunterungen" früherer Jahre haben keine Bedeutung mehr.

5.11 Bundestagswahl 16. Oktober 1994 c

Titel: „Diesmal geht's um alles"

Politischer Hintergrund: Koalition aus CDU/CSU und F.D.P. unter Helmut Kohl

Ausstrahlungsort: Privatfernsehen „n-tv"

Aufblende: Himmel in roten Fehlfarben, Wolken ziehen rasch vorbei

110

Sprecher aus dem Off: Stellen Sie sich doch mal vor,

Schnitt

Aufblende: die Fehlfarben des Himmels bleiben erhalten, alle Gegenstände im Bild sind in rot und grün gehalten, Pärchen auf einer Parkbank beim Zeitunglesen; von rechts kommt ein kleines Mädchen ins Bild, das einen Wasserball mit Globusmuster vor sich her schubst

Sprecher aus dem Off: Deutschland wäre rot-grün.

Zoom auf den Wasserball

Sprecher aus dem Off: Doch Außenpolitik ist kein Kinderspiel.

Schnitt

Aufblende: Mann auf der Parkbank zerknüllt die Zeitung und wirft sie in einen roten Papierkorb

Sprecher aus dem Off: Und was wäre mit der Wirtschaft?

Schnitt

Aufblende: Bürgersteig von oben, drei rot und grün gekleidete Inlineskater kommen ins Bild, geraten aus der Balance, klammern sich aneinander fest

Sprecher aus dem Off: Rot-grüne Experimente können schiefgehen.

Schnitt

Aufblende: Nahaufnahme einer gestürzten Inlineskaterin mit schmerzverzerrtem Gesicht

Sprecher aus dem Off: Deutschland braucht die Liberalen.

Schnitt

Aufblende: blauer, marmorierter Hintergrund; gelber Schriftzug am oberen Bildrand „Diesmal geht's um alles"; unten am rechten Bildrand ein gelbes Rechteck, darin in blauer Schrift „F.D.P. die Liberalen"; quer über das Bild wird ein roter Balken mit dem Schriftzug „Zweitstimme F.D.P." eingeblendet

Sprecher aus dem Off: Wählen Sie deshalb am 16. Oktober

Überblende: blauer Hintergrund, gelbe Überschrift „Jetzt F.D.P.", rechts unten im Bild ein gelbes Rechteck mit blauer Schrift „F.D.P. Die Liberalen"

Sprecher aus dem Off: F.D.P. Für eine stabile Regierung

Einblende: quer über das Bild wird ein roter Balken mit der Inschrift „Für eine stabile Regierung Kohl/Kinkel" eingeblendet

Sprecher aus dem Off: Kohl/Kinkel.

Einblende: die Inschrift des Balkens wird durch „Zweitstimme F.D.P." ersetzt

Sprecher aus dem Off: Am 16. Oktober Zweitstimme F.D.P.

Dauer ca. 30 Sekunden

Zusammenfassung der sprachlichen Untersuchung für den Spot zu Bundestagswahl 1994 c (n-tv)

Technische Gestaltung

Auch dieser Spot fällt besonders durch seine optische Umsetzung auf. Bereits die erste Aufblende (Himmel in roten Fehlfarben) und die dazugehörige Aussage des Sprechers machen klar, worum es geht.

„Stellen Sie sich doch mal vor, Deutschland wäre rot-grün."

Wie in den beiden vorangegangenen Spots aus 1994 werden hier die Parteien nicht mehr mit Namen oder der „Richtungssymbolik" (links, rechts, Mitte) dargestellt, sondern durch die Farbgebung. Wobei sich diese ausschließlich auf rot und grün begrenzt. Schon dadurch wird klar, daß dieser Spot sich ausschließlich gegen die Koalition aus SPD und GRÜNEN richtet.

Den Geschehnissen im Spot kann man sehr gut folgen, da die szenischen Darstellungen eng mit den Texten des Sprechers verknüpft sind. Interessant ist dabei vor allem, daß in einer Aufblende die Bilder die Antwort auf die vom Sprecher formulierte Frage geben.

Sprecher aus dem Off: Und was wäre mit der Wirtschaft?

Aufblende: Mann auf der Parkbank zerknüllt die Zeitung und wirft sie in einen roten Papierkorb

An anderer Stelle werden die hypothetischen Aussagen des Sprechers durch die Bilder konsequent bestätigt:

Aufblende: Bürgersteig von oben, drei rot und grün gekleidete Inlineskater kommen ins Bild, geraten aus der Balance, klammern sich aneinander fest

Sprecher aus dem Off: Rot –grüne Experimente können schiefgehen.

Aufblende: Nahaufnahme einer gestürzten Inlineskaterin mit schmerzverzerrtem Gesicht

Sprachliche Gestaltung

Bereits die Kürze der Abschrift im Vergleich zu den vorherigen Spots zeigt, daß Inhalte, insbesondere sprachliche, immer stärker an Bedeutung verlieren.

Zur sprachlichen Konzeption läßt nur sehr wenig sagen, da die Bilder wesentlich mehr Bedeutung haben, als in allen anderen Spots.

Eine Textstruktur läßt sich nicht mehr erkennen. Um einzelne Aussagen in die bekannten Sequenzen aufteilen zu können, fehlt es ihnen an markanten Kriterien. Die Sätze sind knapp und sehr pointiert formuliert. Rhetorische Fragen oder Figuren werden nicht eingesetzt, auch wenn manche Aussagen recht bildhaft sind.

Dem politischen Vokabular kommt auch hier kaum noch eine Bedeutung zu.

Fahnenworte

Außenpolitik, Wirtschaft, Deutschland, Liberale

Stigmaworte

rot-grün, rot-grüne Experimente

Der Ton, der gegenüber dem Rezipienten angeschlagen wird, wirkt etwas „freundlicher", als der aus dem vorhergehenden Spot (1994b). Zwar wird auch hier durch die Abwesenheit von *Profilierungs-Sequenzen* und Possessivpronomen die Möglichkeit einer Identifikation verhindert, aber durch den „hypothetischen" Einstieg in den Spot („Stellen Sie sich doch mal vor [...]") wird die Ernsthaftigkeit möglicher Entwicklungen, und die Verantwortung der Wähler dafür, abgemildert.

Aufgrund der Ironie, die durch die Korrespondenz zwischen den Bildern und den Aussagen des Textes entsteht, wirkt der Spot sehr progressiv und unterhaltend.

6. Schöne neue Welt? – Ein Ausblick auf die Zukunft des Wahlkampfes im Internet

Spätestens seit dem Wahljahr 1998 ist klar, daß sich das Medium Internet auch als Bühne des politischen Lebens eignet (Kennzeichen dafür sind u.a. Live-Chats mit Politikern). Dabei sind nicht nur die virtuellen Vertretungen der Parteizentralen wichtig, sondern vielmehr „Promi-Seiten" von Spitzenkandidaten (z.B. „guido-westerwelle.de", „joschka.de"). Dies entspricht den Personalisierungstendenzen von Politik und Wahlkampf, unterscheidet sich jedoch nicht wesentlich von den bisherigen Kampagnen.

Manche träumen inzwischen von einer Stärkung der Demokratie durch das Internet; mehr Mitbestimmung, mehr Einflußnahme der Bürger durch sogenannten „Mail-Terror" oder ähnlichem, weniger Bürokratie, mehr Bürgernähe.

Es entsteht die Utopie eines „Netizens" nach dem Vorbild des „Citoyen" im 19. Jahrhundert, geprägt durch politische Aufgeklärtheit und Mündigkeit. Dies zeigen diverse Online-Foren, die u.a. während des Wahlkampfes 1998 entstanden sind. Prominentestes Beispiel ist Politik-Digital.de, das aus dem Wahlkampfberichterstattungsforum Wahlen98.de hervorgegangen ist und diese neue Form von Demokratie durch vielfältige Aktivitäten zu fördern versucht. (Online-Umfragen und Abstimmungen zu bestimmten Themen, Organisation von Chats mit Politikern auch außerhalb der Wahlkampfphasen).

Nicht nur der Politikwissenschaftler Claus Leggewie steht solchen Erwartungen an das Internet skeptisch gegenüber. Er vergleicht die Situation mit der des Radios und dem Fernsehen. Beide sind Massenkommunikationsmittel, welche die politische Informiertheit der Bürger zunächst gefördert haben. Ab einem gewissen Grad der Kommerzialisierung ließ diesen Entwicklung jedoch nach.

Natürlich ist das Internet durch seine technischen Potentiale und durch seinen globalen Charakter nur sehr schwer durch einzelne Interessenvertreter zu „kolonisieren", dadurch vor der Wandlung zum reinen Kommerzmedium besser geschützt. Allerdings gilt auch hier, daß ein freies Medium allein nicht absolute Basisdemokratie gewährleistet. Vielmehr ist der Wille zu politischer Mitentscheidung und das generelle Interesse an Politik Grundvoraussetzung auch für dieses Medium, daß sich neue Dialoge zwischen Parteien/Politikern und Bürgen/Wählern entwickeln können.

Schließlich muß man im Wirrwarr der geschätzten 300 Mio. Webadressen bewußt die Adresse einer Partei oder eines politischen Forums aufsuchen. Diese Voraussetzung hat wahrscheinlich dazu geführt, daß bisher der „Online-Wahlkampf" in sehr traditioneller Weise vonstatten ging.

So werden Wahlprogramme veröffentlicht, die sich in ihrem Erscheinungsbild und den Inhalten nur unwesentlich von den gedruckten Exemplaren unterscheiden. Selbst die klassischen Wahlkampfmittel wie Poster oder Flyer werden präsentiert, was nicht unbedingt Ausdruck von Progressivität oder Kreativität ist.

Aus sprachwissenschaftlicher Sicht zeichnen sich zwei Aspekte ab. Einerseits wird das Internet durch die traditionelle Nutzung von Medien bis auf weiteres der klassischen Informations- und Politikvermittlung dienen.

Aber, und das ist das besondere, die Art der Kommunikation wird sich ändern. Es ergibt sich die Möglichkeit einer „Zwei-Wege-Kommunikation", in der sich die Rollen von Sender und Empfänger verschieben. Rezipienten sind nicht mehr auf den bloßen Konsum beschränkt, sondern können aktiv durch Fragen, Anregungen und Diskussionen auf den Sender einwirken.

Dennoch gilt auch hier, die technische Möglichkeit alleine bedeutet noch nicht, daß das Internet auf diese Weise tatsächlich genutzt wird. Hierzu ist ein Umdenken seitens der Rezipienten notwendig. Greift man die Vorstellungen mancher Politikwissenschaftler auf, ist zu befürchten, daß auch auf diesem Wege nur die von vorne herein Interessierten den Weg zu den entsprechenden Homepages finden werden.

Bedenkt man, daß derzeit etwa 8 Mio. Deutsche einen Internetzugang haben, so ist die Vorstellung einer vernetzten – und dadurch aufgeklärten, mündigen Gesellschaft – eine Utopie. Vielmehr ist es (noch) ein Medium gesellschaftlicher Eliten.

Einer Studie von Fittkau & Maß (W3b-Internetumfrage)[63] zufolge ist der durchschnittliche deutsche Internetnutzer männlich (82,8%), überdurchschnittlich gebildet (64% Abitur) und die Mehrheit im Angestelltenverhältnis (44,6%) finanziell abgesichert. Den Weg ins Internet über öffentliche Einrichtungen wie spezielle Cafés oder Bibliotheken finden gerade mal 6,2% der Nutzer.

Ob sich an der sprachlichen Gestaltung der eigentlichen Werbemittel durch das neue Medium etwas ändern wird, bleibt offen. Für die nächsten Jahre zumindest ist anzunehmen, daß der Online-Wahlkampf nur Beiwerk im Gesamtkonzept der Kampagnen bleiben wird. Auch der Traum von Online-Wahlen wird noch lange auf sich warten lassen, sofern dies jemals realisiert wird. Noch sind die Sicherheitslücken im Netz viel zu groß, als daß man via Knopfdruck über die politische Zukunft des Landes entscheiden könnte.

---

[63] Diese Umfrage wird jährlich durchgeführt. Die Ergebnisse der letzten drei Jahre sind unter der Adresse http://www.w3b.de zugänglich.

7. Fazit

„*Freiheit, Fortschritt* durch *Leistung* in einer *sozialen Marktwirtschaft* werden möglich durch einen *freiheitlichen Rechtsstaat*, umrahmt von einer *leistungsfähigen Außenpolitik* in einem geeinten *Europa*. Wobei die *liberale Kraft der Mitte* vor *unberechenbaren Mehrheiten* oder gar *Alleinherrschaft einer Partei* schützt."

Mit einem Augenzwinkern könnte man auf diese Weise fünfundzwanzig Jahre TV-Wahlwerbung der Freien Demokratischen Partei Deutschlands zusammenfassen.

Es ist interessant, daß sich trotz geänderter Verhältnisse in der Gesellschaft (aber auch im Bundestag) an den tragenden Begriffen „liberaler" Politik nur wenig geändert hat. Dieser hohe Grad an Wortschatzstabilität dient einer leichten Wiedererkennung der Parteilinie in allen Spots. Eine Eigenschaft, die natürlich nur für die Gruppe der Symbolworte gilt, in diesem Fall für die Fahnenworte, da kennzeichnend für diese Gruppe die Langlebigkeit ist. Andere Wortgruppen unterliegen in den von mir untersuchten Spots keiner Wortschatzstabilität, da sie in ihrer Erscheinung zu unregelmäßig sind. Auffällig dabei ist, daß sich die geänderte politische Richtung in der Partei seit 1983 nicht auf die Fahnenworte ausgewirkt hat.

Die weiteren Entwicklungen, die man in den Spots seit den letzen 25 Jahren feststellen kann, möchte ich durch das Aufgreifen der zu Beginn meiner Arbeit formulierten Thesen im folgenden Abschnitt nachweisen:

These:

Wahlwerbung soll einen möglichst breiten Adressatenkreis erreichen. Dadurch muß ihre sprachliche Umsetzung möglichst einfach und verständlich sein.

Dieser These ist ohne Einschränkungen zuzustimmen, es werden keine Fremdworte benutzt und die politischen Jargonismen sind allgemein bekannt und verständlich. Zum Satzbau läßt sich sagen, daß er bis auf wenige rhetorische Elemente einfach und meist kurz gehalten ist.

These:

Damit größtmögliche Zustimmung bei den wahlberechtigten Zuschauern erreicht werden kann, dürfen die Spots nicht zu stark polarisieren. Hieraus resultiert möglicherweise eine Allgemeingültigkeit der Aussagen mit stark affirmativem Charakter.

Wenn auch für den Beginn meines Untersuchungszeitraumes noch einzelne Aussagen polarisierend wirken können – im späteren Verlauf auch Einzelthemen in dieser Weise formuliert werden (§ 218; Gleichberechtigung u.a.) – kann man diese Annahme bestätigen.

Hinsichtlich der zunehmenden Beliebigkeit der Aussagen läßt sich feststellen, daß 1969 beispielsweise noch eindeutige, programmatische Forderungen formuliert werden, im Laufe der Jahre dies deutlich nachläßt. Letztlich führt die Konzeption der Spots dazu, daß Inhalte immer mehr Allgemeinplätzen weichen, die nicht mehr eindeutig als Profil der Partei erkennbar sind, sondern von jeder Partei genau so hätten formuliert werden können. Dadurch ergibt sich auch für die sprachliche Gestaltung, daß markante Aspekte, die einer bestimmten Wirkungsabsicht dienen, an Deutlichkeit und Häufigkeit verlieren.

These:

Es lassen sich sprachliche Strategien erkennen, die sich im Gebrauch eines bestimmten politischen Vokabulars und im Aufbau der Spots (Textstruktur) niederschlagen.

Bis etwa 1976 trifft das insbesondere für die Textstruktur zu. Ab 1980 löst man sich davon, über die Sequenzen Diskriminierung und Profilierung zu realisieren. Das bedeutet nicht, daß auf diese Elemente gänzlich verzichtet wird. Aber die Sequenzen verlieren an Deutlichkeit und ihre Menge nimmt ab.

1987 jedoch wird wieder darauf zurückgegriffen, wobei auch hier gilt, daß sie quantitativ nicht an die vorangegangenen Jahre heranreichen. Im Jahr 1994 findet sich allerdings ein „Höhepunkt" bezüglich der Sequenzen, wobei nahezu ausnahmslos *Diskriminierungs-Sequenzen* zum Einsatz kommen, die in früheren Spots nur sehr sparsam eingesetzt wurden. Da sich diese Spots jedoch fast ausschließlich auf Diskriminierung beschränken, verliert die Textstruktur als strategisches Mittel meiner Meinung nach ihre Bedeutung, da ihre Wirkungsabsicht zu offensichtlich wird, und sie in diesem Fall eher auf Ablehnung seitens des Rezipienten stoßen dürfte.

These:

Im Medium Fernsehen haben Informationen relativ kurze „Halbwertzeiten", da sie nur visuell und akustisch, nicht aber schriftlich rezipiert werden. Dies könnte zu einer Häufung von „Schlagworten" und Intensivierung der Aussagen durch Wiederholungen führen.

Diese Annahme, die häufig als Kritikpunkt angebracht wird, kann ich für die Häufung von Schlagworten nur bedingt bestätigen. In einigen Spots findet sich zwar eine Fülle von Begriffen, die dem politischen Vokabular entsprechen, insbesondere Schlag- und Fahnenworte. Die anderen Wortgruppen –Reiz- und Hochwertworte – spielen dabei eine wesentlich geringere Rolle. Jedoch hat dies nicht unbedingt mit einer historisch begründbaren Entwicklung der Wahlkampfkonzepte selbst zu tun.

Gerade in den kurzen Spots, die im Privatfernsehen gezeigt wurden, fällt die Abwesenheit von Schlagworten auf. Es wird ausschließlich mit der Gruppe der Symbolworte gearbeitet. Eigentlich hätte man – obiger These folgend – genau an dieser Stelle eine Zunahme der Schlagworte erwartet. Jedoch zeigt sich in diesen Spots, daß eine Abnahme der Textmenge nicht zwingend eine Zunahme der Schlagworte bedeutet. Allerdings läßt sich hierzu kein „Muster" erkennen, wann welche sprachlichen Strategien zum Einsatz kommen.

Zur Wiederholung läßt sich sagen, daß nur der Wahlaufruf, sofern er vorhanden ist, wiederholt wird. Ein mehrfaches Aufgreifen bereits geäußerter Statements findet sich kaum, so daß die Wiederholung als strategisches Element keine große Bedeutung hat.

These:

Die Darstellung der einzelnen Politiker vor der Kamera wird immer wichtiger, da der heutige Zuschauer eine professionelle Medienpräsenz erwartet (Als Stichworte sei hier die mangelnde sprachliche Kompetenz wie Stottern, Affektvokale oder der „verstohlene" Blick vorbei an der Kamera auf den Tele-Prompter erwähnt).

Grundsätzlich kann ich dies so bestätigen. Beispielsweise sind einige Politiker in dem Spot von 1969 nur recht schwer durch undeutliches oder zu schnelles Sprechen zu verstehen. Auch Walter Scheel (1972) zeigt leichte Unsicherheiten, indem er regelmäßig nach jedem Satz an der Kamera vorbeischaut und dadurch nicht unbedingt als souveräner Redner auffällt.

In den folgenden Jahren nimmt die Sicherheit der Sprecher deutlich zu.

Aber, und dies halte ich für den wichtigsten Punkt hinsichtlich obiger These, obwohl die Politiker immer sicherer im Auftreten werden, nimmt gleichzeitig ihr Anteil in den Spots im Laufe der Jahre ab. Dies gilt sowohl für ihre optische Präsenz, als auch für die Redezeit, die ihnen zur Verfügung gestellt wird.

Das bedeutet nicht, daß man die Medienwirkung einer Person unterschätzen darf, aber zumindest für diese Art der Wahlwerbung stellt es keine wesentliche Voraussetzung für die Eignung eines Kandidaten dar.

Begründen läßt sich das meiner Meinung nach mit einer geänderten Spotkonzeption, die zum einen immer häufiger eine Darstellung der Spitzenkandidaten durch „neutrale" Dritte (Off-Sprecher)[64] präferiert. Zum anderen wird stärker auf die Vermittlung politischer Inhalte durch Statisten und später durch Bildinformationen gesetzt.

Eine Personalisierung der Wahlkampfspots durch die Präsentation eines Spitzenkandidaten findet sich in der Strategie der F.D.P. also nur bedingt und hat zumindest auf etwaige sprachliche Umsetzungen kaum Einfluß.

Das einzige sprachliche Beispiel, das man dazu heranziehen könnte, findet sich im Spot 1980, in welchem die F.D.P. als die „Genscher-Leute" bezeichnet werden.

These:

Die Erkenntnisse aus der Wirkung kommerzieller Werbung fließen in die Wahlwerbung mit ein, und die Wahlwerbespots werden an dieses Vorbild angepaßt (Einsatz von Slogans, schnelle Schnitte, Musik, technische Gestaltung).

---

[64] Vgl. dz. O. G. Lambsdorff/ Spot 1990

Dieser These kann im vollen Umfang zugestimmt werden, was sich nicht nur in der technischen Gestaltung, sondern auch auf der sprachlichen Ebene zeigt.

Weniger, wie bereits angesprochen, durch einen vermehrten Gebrauch von Schlagworten, sondern vor allem durch den Sprachstil und den Tonfall der zum Einsatz kommt. Zwar sind alle Spots seit 1969 umgangssprachlich formuliert, aber besonders in den 90er Jahren fällt auf, daß der Sprachstil immer häufiger eine „spielerische" Note bekommt. Dies drückt sich in bestimmten Formulierungen wie dem *Unternehmen Deutschland*, der *faszinierenden Chance* des vereinten Deutschlands (beide 1990), oder in *Gute Nacht, Außenpolitik* (1994b) aus, aber auch in der massiven Zuhilfenahme von Symbolen, insbesondere der Farbsymbolik und Abstraktionen der dargestellten Thematik („Bocciaspiel" 1994).

Hinzukommt, daß die Korrespondenz zwischen Bildern und Texten immer enger wird, dadurch einzelne Aussagen sehr pointiert sind und in ihrer Wirkung verstärkt werden. Als Beispiel sei an eine Szene (1994b) erinnert, in der ein Mädchen mit einem Wasserball mit aufgedrucktem Globusmuster spielt. Der Kommentar aus dem Off: *Doch Außenpolitik ist kein Kinderspiel.*

Der Einsatz von Musik, insbesondere eines bekannten Popstückes 1990, beweist ebenfalls, daß verstärkt Elemente der kommerziellen Werbung genutzt werden. Das gleiche gilt auch für die optische Gestaltung, die im Laufe der Jahre immer aufwendiger wird und vielfältige technische Möglichkeiten nutzt.

Abschließend bleibt zu den untersuchten Spots folgendes festzuhalten:

Es gibt sprachliche Strategien in den Wahlwerbespots, die durch das politische Vokabular und durch die Sequenzierung realisiert werden. Aber oft lassen sie sich nicht konkret an einigen Worten oder Sätzen festmachen, sondern in der Gesamtwirkung von Text und Bildern, deren Wirkungsabsichten oft unterschwellig mitschwingen. Dies gilt insbesondere für die späteren Spots, bei denen man insgesamt eine Reduktion der Textmenge und der qualitativen Aussagen feststellen kann.

Die Häufung bestimmter Elemente läßt sich nicht pauschal nachweisen. Vielmehr gibt es Phasen bzw. Spots, in denen einzelne Merkmale (Textstruktur, politisches Vokabular) besonders intensiv genutzt werden, andere dafür wenig auffallen. Ein Muster, wann welche Mittel zum Einsatz kommen läßt sich – wie bereits erwähnt – dabei nicht feststellen.

Der oftmals sehr allgemein formulierte Vorwurf, daß Wahlwerbung generell nur noch aus „Polit-Surrogaten" im Sinne von Schlagworten zusammengestellt wird und die Kampagnen letztlich durch die Personalisierung auf die Präsentation eines Spitzenkandidaten reduziert werden, kann ich für die untersuchten Spots der F.D.P. nur teilweise für einzelne Kampagnen bestätigen.

Die Abnahme der vermittelten Inhalte und ihre Ersetzung durch Bilder und technische „Spielereien" (Fehlfarben, schnelle Umschnitte und Überblenden, optische Abstraktionen) kann man hingegen sehr wohl nachweisen.

Wie dies bewertet wird, hängt letztlich immer davon ab, welche Einstellung man selbst zur TV-Wahlwerbung hat. Akzeptiert man, daß Wahlwerbung, wie Peter Schröder sagt (1983 Abteilungsleiter Kommunikation und Service der F.D.P.), nur ein Sich-In-Erinnerung-Bringen der Parteien sein soll, und bedenkt man, daß Wahlwerbung nur alle vier Jahre für wenige Wochen in unserer Medienlandschaft ein flüchtiges Gastspiel gibt, sollte man sich überlegen, ob die Wahlwerbung – wie dies in einigen Fällen geschieht – wirklich so elementar ist, daß man sie für Politikverdrossenheit oder gar Entpolitisierung der Gesellschaft verantwortlichen machen kann.

Viel wichtiger erscheint mir in diesem Zusammenhang die Vermittlung von politischen Entwicklungen und Entscheidungen in den Medien während der eigentlichen Legislaturperioden. Diese Art politischer Kommunikation dürfte wesentlich stärker zur Prägung eines bestimmten Politikbildes und –damit verbunden – zum Interesse oder Desinteresse am politischen Geschehen beitragen, als das kurze Intermezzo Wahlwerbung. Das allerdings ist ein anderes Thema und würde weitreichende Untersuchungen redaktioneller Sendungen benötigen, die außerhalb der Wahlkampfphase zur Kommunikation zwischen Politik und Gesellschaft beitragen.

Für das Internet gilt meiner Ansicht nach, daß es noch keinen wichtigen Stellenwert in den Wahlkampagnen hat. Selbst wenn es genutzt wird, geschieht dies auf sehr traditionelle Weise, woraus sich für eine sprachwissenschaftliche These ergibt, daß sich hier derzeit keine neuen Kommunikationsstrategien entwickeln.

Ob es sich als Mittler zwischen Politikern und Bürgern durchsetzen kann, und ob sich daraus ein neues Gebiet für die Kampagnestrategen ergibt, wird die Zukunft zeigen. Als effizientem Werbemittel fehlt dem Internet im Moment noch die entsprechende Reichweite und die fast „selbstverständliche" Nutzung, wie dies mit Sicherheit beim Fernsehen unterstellt werden darf.

Die Befürchtung von E. Noelle-Neumann und anderen, die den Menschen in der modernen Medienlandschaft der Informationsflut oder gar der Manipulation hilflos ausgesetzt sieht, teile ich – bezogen auf das Thema meiner Arbeit – nicht. Vielmehr schließe ich mich der Einschätzung des Bundesverfassungsgerichts an, welches davon ausgeht, daß die Bürger in einer Demokratie den Sprachgebrauch des Wahlkampfes sehr wohl einzuschätzen wissen.

Als Teil einer multimedialen Gesellschaft sollte man in der Lage sein, mit Produkten umzugehen, die ausschließlich der Erreichung von Aufmerksamkeit dienen. Die Informationen, welche die eigene Wahlentscheidung bestimmen, sollte man lieber aus Quellen beziehen, die dazu geeigneter sind. Ein Blick in programmatische Texte oder das Studium der parlamentarischen Arbeit der Parteien scheint mir nützlicher als das flüchtige Wahrnehmen eines Wahlplakates oder der unreflektierte Konsum von Spots.

8. Literaturangaben

ABROMEIT, HEIDRUN: Das Politische in der Werbung.
Wahlwerbung und Wirtschaftswerbung in der Bundesrepublik.
Schriften zur politischen Wirtschafts- und Gesellschaftslehre Bd. 3
Westdeutscher Verlag, Opladen 1972

BARINGHORST, SIGRID: Politik als Kampagne. Zur medialen Erzeugung von Solidarität.
Westdeutscher Verlag, Opladen 1998

BERTELSMANN STIFTUNG (HG.): Politik überzeugend vermitteln. Wahlkampfstrategien in Deutschland und den USA. Analysen und Bewertungen von Politikern, Journalisten und Experten.
Bertelsmann Verlag, Gütersloh 1996

EDELMAN, MURRAY: Politik als Ritual. Die symbolische Funktion staatlicher Institutionen und politischen Handelns.
Reihe Campus Bd. 1033, Neuauflage
Campus Verlag, Frankfurt a.M. 1990

GABRIEL, OSCAR, W.; NIEDERMAYER, OSCAR; STÖSS, RICHARD (HG.):
Parteiendemokratie in Deutschland.
Schriftenreihe der Bundeszentrale für politische Bildung Bd. 338
Bonn 1997

GRAFE, PETER: Wahlkampf. Die Olympiade der Demokratie.
Eichborn Verlag, Frankfurt a. M. 1994

HOLTZ-BACHA, CHRISTINA, LEE KAID, LYNDA (HG.): Wahlen und Wahlkampf in den Medien. Untersuchungen aus dem Wahljahr 1994.
Westdeutscher Verlag, Opladen 1996

HÖNEMANN, STEFAN, MOORS, MARKUS: Wer die Wahl hat... Bundestagswahlkämpfe seit 1957. Muster der politischen Auseinandersetzung.
Schüren Verlag, Marburg 1994

JÄGER, WOLFGANG: Fernsehen und Demokratie. Scheinplebiszitäre Tendenzen und Repräsentation in den USA, Großbritannien, Frankreich und Deutschland.
Reihe: Perspektiven und Orientierung Bd. 11
C. H. Beck, München 1992

JARREN, OTFRIED (HG.): Politische Kommunikation in Hörfunk und Fernsehen.
Sonderheft Nr. 8 der Zeitschrift „Gegenwartskunde"
Leske + Budrich, Opladen 1994

JARREN, OTFRIED, SCHATZ HERIBERT, WEßLER, HARTMUT (HG.): Medien und politischer Prozeß: politische Öffentlichkeit und massenmediale Politikvermittlung im Wandel.
Westdeutscher Verlag, Opladen 1996

KLEIN, JOSEF (HG.): Politische Semantik. Bedeutungsanalytische und sprachkritische Beiträge zur politischen Sprachverwendung.
Westdeutscher Verlag, Opladen 1989

KOPPERSCHMIDT, JOSEPH (HG.): Politik und Rhetorik. Funktionsmodelle politischer Rede.
Westdeutscher Verlag, Opladen 1995

LEGGEWIE, CLAUS; MAAR, CHRISTA (HG.): Internet und Politik. Von der Zuschauer- zur Beteiligungsdemokratie?
Bollmann, Köln 1998

LIEDTKE, FRANK; WENGELER, MARTIN; BÖKE, KARIN (HG.): Begriffe besetzen. Strategien des Sprachgebrauchs in der Politik.
Westdeutscher Verlag, Opladen 1991

LURKER, MANFRED: Wörterbuch der Symbolik.
5. erw. u. überarb. Auflage
Kröner Verlag, Stuttgart 1991

MERKEL, WOLFGANG; PUHLE, HANS-JÜRGEN: Von der Diktatur zur Demokratie. Transformationen, Erfolgsbedingungen, Entwicklungspfade.
Bertelsmann Verlag, Gütersloh 1998

MÜLLER, ALBRECHT: Von der Parteiendemokratie zur Mediendemokratie. Beobachtungen zum Bundestagswahlkampf 1998 im Spiegel früherer Erfahrungen. *Schriftenreihe Medienforschung der Landesanstalt für Rundfunk Nordrhein-Westfalen Bd.30*
Leske+Budrich, Opladen 1999

MÜNKLER, HERFIRED (HG.): Das politische Denken im 20. Jahrhundert.
2. überarb. Aufl.
Piper, München 1997

NEIDHARDT, FRIEDHELM: Öffentlichkeit, öffentliche Meinung, soziale Bewegungen. *Kölner Zeitschrift für Soziologie und Sozialpsychologie Sonderheft 34/1994*
Westdeutscher Verlag, Opladen 1994

NEUBER, WOLFGANG: Verbreitung von Meinungen durch die Massenmedien.
Leske+Budrich, Opladen 1993

OBERREUTHER, HEINRICH (HG.): Parteiensystem am Wendepunkt? Wahlen in der Fernsehdemokratie.
Olzog Verlag, München u. Landsberg a. Lech 1996

OLZOG, GÜNTER; LIESE HANS-JÜRGEN: Die politischen Parteien in der Bundesrepublik Deutschland. Geschichte – Programmatik – Organisation - Personen - Finanzen. *Reihe: Geschichte und Staat Bd.277,17. überarb. Aufl.*
Olzog, München, Landsberg a. Lech 1989

OPP DE HINT, MANFRED; LATNIAK, ERICH (HG.): Sprache statt Politik? Politikwissenschaftliche Semantik- und Rhetorikforschung.
Westdeutscher Verlag, Weinheim 1991

RÖMER, RUTH: Die Sprache der Anzeigenwerbung. *Zgl. Dissertation Universität Bonn*
4. Aufl.
Schwann Verlag, Düsseldorf 1974

128

RUDZIO, WOLFGANG: Das politische System der Bundesrepublik Deutschland.
4. völlig überarb. Aufl.
Leske+Budrich, Opladen 1998

SARCINELLI, ULRICH (HG.): Politikvermittlung. Beiträge zur politischen Kommunikation.
Schriftenreihe der Bundeszentrale für politische Bildung Bd. 238
Bonn 1987

SARCINELLI, ULRICH (HG.): Politikvermittlung und Demokratie in der Mediengesellschaft. Beiträge zur politischen Kommunikationskultur.
Schriftenreihe der Bundeszentrale für politische Bildung Bd. 352
Bonn 1998

SCHUBERT, KLAUS; KLEIN, MARINA: Das Politiklexikon.
Dietz, Bonn 1997

SCHÜTZ, ASTRID: Selbstdarstellung von Politikern. Analyse von Wahlkampfauftritten.
Zgl. Dissertation Universität Bamberg 1990
Reihe: Fortschritte der Politischen Psychologie Bd.11
Deutscher Studienverlag, Weinheim 1992

SCHUMPETER, JOSEPH, A.: Kapitalismus, Sozialismus und Demokratie.
5. Aufl.
Francke, München 1980

SCHULZ, WINFRIED; SCHÖNBACH, KLAUS (HG.): Massenmedien und Wahlen.
Schriftenreihe der Deutschen Gesellschaft für Publizistik und Kommunikationswissenschaften Bd.11
Ölschläger, München 1983

SCHULZ, WINFRIED: Politische Kommunikation. Theoretische Ansätze und Ergebnisse empirischer Forschung zur Rolle der Massenmedien in der Politik.
Westdeutscher Verlag, Opladen 1997

SÖLDE-SCHULZE, ANTJE: Politische Parteien und Wahlwerbung in der dualen Rundfunkordnung. Zum Rechtsanspruch der Parteien auf Sendezeit.
Zgl. Dissertation Universität Münster 1994
Nomos Universitätsschriften: Medien Bd. 12
Nomos Verlagsgesellschaft, Baden-Baden 1994

STRAUß, GERHARD: Der politische Wortschatz.Zur Kommunikations- und Textsortenspezifik.
Forschungsberichte des Instituts für Deutsche Sprache Bd. 60
Gunter Narr Verlag, Tübingen 1986

STATISTISCHES BUNDESAMT (HG.): Datenreport 1997.
Schriftenreihe der Bundeszentrale für politische Bildung Bd. 340
Bonn 1997

TILLMANN, ALEXANDER: Ausgewählte Textsorten politischer Sprache. Eine linguistische Analyse parteilichen Sprechens.
Reihe: Göppinger Arbeiten zur Germanistik Nr. 513
Zgl. Dissertation Universität Münster 1988/89
Kümmerle Verlag, Göppingen 1989

TOMAN-BANKE, MONIKA: Die Wahlslogans der Bundestagswahlen von 1949 bis 1994.
Zgl. Dissertation Universität Mainz 1994
Deutscher Universitäts Verlag, Wiesbaden 1996

WACHTEL, MARTIN: Die Darstellung von Vertrauenswürdigkeit in Wahlwerbespots. Eine argumentationsanalytische und semiotische Untersuchung zum Bundestagswahlkampf 1987.
Reihe: Medien in Forschung und Unterricht Bd. 25
Niemeyer Verlag, Tübingen 1988

WALTHER, CHRISTOPH: Wahlkampfrecht
Reihe: Schriften zum Parteienrecht Bd. 3
Nomos Verlagsgesellschaft, Baden-Baden 1989

WOYKE, WICHARD: <u>Stichwort: Wahlen. Ein Ratgeber für Wähler, Wahlhelfer und Kandidaten.</u>
10. akt. u. überarb. Aufl.
Leske+Budrich, Opladen 1998

www.ingramcontent.com/pod-product-compliance
Lightning Source LLC
Chambersburg PA
CBHW022326280326
41932CB00010B/1237